U0127196

藝　文　叢　刊

芳堅館題跋

〔清〕郭尚先

浙江人民美術出版社

圖書在版編目(CIP)數據

芳堅館題跋 / (清) 郭尚先著 ; 毛小慶點校. -- 杭州 : 浙江人民美術出版社, 2018.1 (2021.3重印)
(藝文叢刊)
ISBN 978-7-5340-6225-4

Ⅰ.①芳… Ⅱ.①郭… ②毛… Ⅲ.①書法評論－中國－清代 Ⅳ. ①J292.1

中國版本圖書館CIP數據核字(2017)第243079號

芳堅館題跋

〔清〕郭尚先 著　毛小慶 點校

責任編輯：霍西勝
責任校對：余雅汝
整體設計：傅笛揚
責任印製：陳柏榮

出版發行　浙江人民美術出版社
(杭州市體育場路347號)
經　　銷　全國各地新華書店
製　　版　浙江時代出版服務有限公司
印　　刷　浙江海虹彩色印務有限公司
版　　次　2018年1月第1版
印　　次　2021年3月第3次印刷
開　　本　787mm×1092mm　1/32
印　　張　4.125
字　　數　65千字
書　　號　ISBN 978-7-5340-6225-4
定　　價　26.00圓

如有印裝品質問題，影響閱讀，
請與出版社營銷部聯繫調換。
聯繫電話：0571-85105917

出版説明

《芳堅館題跋》四卷，亦作三卷，清郭尚先撰。郭尚先（一七八五—一八三三），字元開，號蘭石，室名芳堅館、增默庵，莆田（今屬福建省）人。嘉慶十四年（一八〇九）進士，改庶吉士，授編修。先後任侍讀學士、國史館纂修及四川學政等職，累遷至光禄寺卿，詔授大理寺卿，署禮部右侍郎。著有《增默庵詩遺集》《郭大理遺稿》等。

郭氏書畫兼擅其長，精於賞鑒。書以骨勝，小楷尤多勝趣。畫長於山水，時作蘭石小幅亦備雅趣，在當時頗負盛名：「先生以工八法，名嘉、道閒，作字甫脱手，輒爲人持去。片縑寸楮，咸拱璧珍之。書法娟秀，逸宕直入敬客《塼塔銘》之室。行書嗣體平原《論坐帖》。中年以後，幾與董思翁方駕齊驅。」（龔顯曾《芳堅館題跋敘》）

郭氏壯年溘逝，著作未及董理。《芳堅館題跋》乃身後，龔顯曾在郭氏婿許徵甫纂輯基礎上增補而成。除卷四收有若干則題自作山水、蘭菊外，全書皆爲郭氏題跋

所經眼古今碑帖、墨跡而作。其於題跋金石、翰墨，至爲審慎：「鈎稽真贋，手題掌録，恒矜莊研究，不肯率意下筆，獨得晋唐無諍三昧。」（龔顯曾《芳堅館題跋敘》）因此所論多有可取之處。而在盛行碑版輯録的嘉、道間，亦可謂别樹一幟。

龔氏增補四卷本《芳堅館題跋》，以活字刊於同治十三年（一八七四），嗣後「藏修堂叢書」「述古叢鈔」等多據此翻刻。而光緒十六年（一八九〇）所刊《吉雨山房全集》中，亦收有三卷本《芳堅館題跋》。此三卷本相較於四卷本，在内容上并無明顯不同，僅在序跋分卷、收録多寡以及个别字句存在些許差異外。

此次出版，以流傳較廣、較爲常見的「藏修堂叢書」本爲底本，予以標點整理；同時校以《吉雨山房全集》三卷本，將兩本之間的差異擇要臚列於卷末，以便讀者省覽。

目録

芳堅館題跋卷二

芳堅館題跋卷三

芳堅館題跋卷四

附　録

敘

《芳堅館題跋》四卷，乃吾閩莆田郭蘭石先生所著也。先生以工八法名嘉、道間，作字甫脱手，輒爲人持去，片縑寸楮，咸拱璧珍之。書法娟秀逸宕，直入敬客《塼塔銘》之室。行書嗣體平原《論坐帖》。中年以後，幾與董思翁方駕齊驅。在京師時，索書者趾接於户，先生每呼酒飲至醉，方濡染落紙，故生平應酬書，時有不經意處。惟署跋金石，鈎稽真贋，手題掌録，恒矜莊研究，不肯率意下筆，獨得晋唐無諍三昧。余家所藏碑帖，多經先生手跋，或以泥金盡書每册餘紙，凝厚婀娜，並露豪端，良可珤翫。先生在時，不自弆藏，其手蹟隨金石書畫流落人間。同里許徵甫師，爲先生子壻，因輯其題跋評語，凡蠹翰斷墨，俱裒集甄釐，隨得隨録。顯曾與徵甫師衡與相望，筆硯相親，間參讐勘蒐採之役。比吾師已歸道山，顯曾亦宧遊奔走。留留十年，歸詢師門所著述，如校定《歐陽四門集》諸書，俱不可得，僅存此册。曾録副本，藏之行篋。今夏用活字版刷印百十部，稍廣其傳。嗟乎，金石之學盛矣！孫氏

之《寰宇訪碑録》、王氏之《金石萃編》，以逮金石記録，地有其書，莫不氈蠟之後繼以鉛槧，流傳海内，極爲奥賾。而先生獨從心腕間窮力追摹，瀝其膏液，舉凡授受之變化、傳聞之舛誤、詣力之淺深、鈎拓之先後，一一宣露，就所橅閲，河元洞徹，固不必與集録諸書競其繁博也。校刷既畢，乃爲坿述于目録之後，俾後之學者，臨池弄翰之餘，咸知先生殘膏賸馥沾丐後人，雖容臺《隨筆》、虚舟《題跋》，或未能先。而徵甫師抱遺訂墜之功，亦可並眎於來者云爾。甲戌六月既望，晋江龔顯曾識。

芳堅館題跋卷一

漢少室神道石闕

篆法至唐中葉，始有以匀圓描摹爲能者，古意自此盡失。秦漢人作篆，參差長短，隨筆爲之，正與作真行書等耳。觀《孔宙》《張遷》《尹宙》《韓仁》諸碑額可悟。漢篆傳者《三公山碑》《開母石闕》，並此而三。唯此最佳，猶有秦二十九字碑餘勢。後來《吴封國山碑》，即從此得法者。往見墨卿先生作一硯，背刻伊字，覃谿先生銘之曰「此字四旁一字無，獨爲墨卿銘硯乎」，心頗疑之，見此拓乃悟。

漢裴岑紀功碑

此碑樸古遒爽，其法大似摹印篆，與《鄐君》《楊孟文》《李翕》諸摩厓爲類。漢人分書多短，惟此結體獨長，次則《析里碑》耳。此石尤圓勁瘦削，不易及也。

漢北海相景君碑

碑中假借字，自《隸釋》以來，諸家遞詳之矣。末「宜參鼎轃」，《金石後録》云當作轃。鄭氏曰山行曰轃，取封土爲山之義。余謂即弼字，轉弼爲拂，又借轃爲拂耳。

漢韓勑造孔廟禮器碑

六一疑古人無名勑者，《繁陽令楊君碑》有故民程勑字伯嚴。

漢人書，以《韓勑造禮器碑》爲第一，超邁雍雅，若卿雲在空，萬象仰曜，意境尚當在《史晨》《乙瑛》《孔宙》《曹全》諸石上，無論他石也。其碑至今完好，蓋有神物護持之。魯人椎拓草草，畫痕淺細處幾不可辨。此帙揚州汪孟慈同年所贈，拓法精審，三百年前物也。每行少拓一字，蓋石陷於趺耳。

漢碑字多假借，《韓勑碑》尤多瓌字。姑以諸家所已考定者，以意折衷之，書於上。惟「威」「熹」二字，尚未醳然耳。

又

飛動沉實，興會所至，不復可以跡稽。明郭允伯推爲漢碑第一，雖未然，要之當

爲神品也。

漢孔宙碑

《孔宙碑》拓本曾見一全文，宋時潢治者，神觀飛動，乃知徐會稽於此碑得力最深也。

《孔謙碣》曾見一明拓，甚精。

《張遷碑》自是魏人風軌，近人每以《豫州從事碑》與此並稱二宙，實則《尹碑》不及遠甚。其結體、運筆已開《受禪》《大饗》二石意矣。

倉當是倉字，舊釋作會，恐非。

明字轉筆，可證顔魯國《臧貞節碑》。

結體寬博而緜密，是貞觀諸大家所祖，褚中令勒筆皆長，亦濫觴於是。

《孔季將碑》弇州頗有異議，其實漢人書，此爲最近人矣。碑陰尤佳，惜不並拓之。

又

同年汪孟慈舍人有所藏《豫州從事尹宙碑》元拓本，精腴圓暢，與此正同，觀之色飛。漢石但得前數十年拓，神觀便勝，況此本是二百餘年物乎！余幸得之，可以自慰。

臨《孔季將碑》，筆下覺有秦篆氣。《尹從事碑》亦然。其神逸固不及《史晨》《韓勑》諸石，而圓到整麗，要非魏人所能仿佛。

漢史晨謁孔廟前後碑

曲阜漢碑，閱二千年，猶多完好。古人用意之精，迥非近代所及。惟魯人椎拓草草。此前百餘年所拓，用墨輕重得宜，鋒穎猶存，善本也。

漢孔彪碑

漢碑字之小者，《孔元上》《曹景完》二石也。《曹景完碑》秀逸，此碑淳雅。學書不學此碑，不知今隸源流相通處。惜存字無多，不及《郃陽碑》之完善耳。

漢白石神君碑

《白石神君碑》，有疑爲漢碑而後人重勒者，然觀程疵書清遒簡遠，則此碑斷非晋人所爲。漢人書原非一體可盡，即此碑結法要自謹嚴也。

漢張遷碑

漢碑嚴重平硬，是碣爲冠。拓法精審，有明拓所不逮者，信佳本也。

安陽新出殘碑

右三石蓋一碑，歲在辛酉，光和四年也。趙渭川攷爲劉公幹之祖劉梁碑，未詳所據。其書清穆有韻，絶似武氏石闕。

《寰宇訪碑録》云存十四行。今按兩石止十行，並年月亦止十一行，無缺迹，《録》誤也。年月大於碑字，漢碑僅見此耳。

又

《訪碑録》云此石八行，今案止七行，《録》誤也。書極雄厲，然意象不似漢人，而

與郃陽所得魏黄初殘石爲近，姑存此説，以質精鑒者。

時代之説，有不可强爲者。魯孝王刻石鄐君開道，猶有秦人餘勢。《乙瑛》《西岳》駸駸乎爲大饗封孔羨導先路矣。至魏王基碑，則又下啟唐法，而爲《受禪》之一變。唐至中葉，分隸始有漢意，則明皇之力也。

又

右殘石三行，其書極似《孔元上碑》，最爲雍雅。安陽漢石，以此爲冠，次則《子游碣》也。石經殘字，結體亦爾。此石以意推之，其炎和中刻乎。

又

安陽新出漢殘石，在覃谿先生撰《兩漢金石記》後，故書内未之及。天鳳爲封記，則先生不及見矣。此《子游碑》，結體在《韓勑》《鄭固》之間，東京初年書類如是。觀其古澹，足正魏晋以後矯强之失。

漢武梁祠畫像

武梁祠堂畫象，樸拙如見古尊彝。王右軍從周撫求觀石室畫，正恨未覩此耳。

漢馮緄碑重刻本

右《馮緄碑》，見《隸釋》，石在渠縣，宋大觀中重刻。筆兼有篆意，頗近《夏承碑》。

魏脩孔子廟碑

漢人書雍容，魏人始爲戌削。

張稚圭按圖題此爲梁孟皇書，雖無明據，然此書實有龍威虎震氣象。魏初事，惟此差强人意，書亦出《大饗》《受禪》《勸進》上，固當鄭重存之。

張稚圭所按之圖，不知是何書。其以《乙瑛請置卒史碑》爲鍾元常書，時代不相及，正如《夏承》《劉熊》《范式》諸碑皆稱蔡中郎書，雖《西嶽碑》明著郭香察名，而必曲爲之説，是亦不可以已乎。惟此碑目爲梁鵠，差可信。蓋魏初能書者推梁與鍾，此等大著作，固不當委之他人耳。《吴紀功碑》可信爲皇休明書，亦是説也。

北魏張猛龍碑

趙子函云，《張猛龍碑》結體之妙，不可思議。若歐、虞諸公知此，便可入二王之

室。語似稍過。魏齊人書類此者多，第筆力更險峻耳。其書人旁皆多一筆，英字、盪字多一横，則爾時風氣類爾，江式所以請正書體也。此本前二百年所拓，更有神采。

北齊大窮谷造象記

《大窮谷造象記》用筆結體，實爲信本導之先路。信本書得法於三公郎中劉珉，此豈珉書耶，抑爾時風氣如是耶？

「鎔金」書作「鏞金」，臨文誤筆。銘内「召渟」二字，恐亦駮文。

隋龍藏寺碑

張公禮實開貞觀諸公風氣，登善尤近之。

隋鳳泉寺舍利塔銘

此書實開信本之先。

王輔道所刻《姚秦造象記》，正與此同。

唐孔子廟堂碑城武本

少時習《廟堂碑》，聞尊宿言，皆以《王彦超碑》爲可據。然頗疑其神癡者。欲學曹州本，又疑其藾然若新瘥病人。然私心無日不嚮往於伯施，因即《昭仁寺碑》《孔穎達碑》求之，究皆不契。昨李春湖中丞至都，得見其唐石本，爲之駭絶。始知曹州本猶有髣髴，而西安本雖宋拓，亦土木形骸也。向亡友陳玉方侍御嘗言，春湖先生本即君此本耳。其語誠過，然亦可見此本之去唐石本不遠。余今乃知重之，嗟乎晚矣。乙酉仲夏書。

又

《廟堂碑》唐拓本，那可復遇？以此本之疎挺，參陕本之腴暢，伯施意境猶可會之即離閒。

少時頗謂西安本勝城武本，今日取兩本對觀，還是城武本勝。蓋氣韻静遠，無復用力之迹。由此而化焉，則右軍矣。

觀城武《廟堂碑》静穆之韻，猶可追想智永以上傳流之緒。西安本極腴暢，然位

置每患欹側。王彦超武人，想所擇摹勒之工，未必能如薛嗣昌之於《千文》。余姑摩挲此刻，以意會永興宗旨。

是石恨太淺細，若得元拓稍腴厚者，即作原石觀也可。陝本極腴潤，而摹手位置草率，遂無字不欹側，令學者無從下手臨摹。此刻正米老所疑爲瘦蔽者，然其清挺處、平淡處，猶是羲、獻遺軌也。

「司寇」、「寇」字陝本作「寇」，殆不成字，固當以此爲正。「反金册」、「反」字自是「及」字。

是碑宋人無言及者，元季定陶河決始出土，豈固唐刻乎。

顯曾案，此本今藏余家。

又李氏重摹本

伯施書，評者以爲「層臺緩步，高謝風塵」，謂其韻度勝耳。然細觀之，氣力仍極沉厚。蓋與歐、顔同一畫沙印泥，而從容出之，得大自在。此雖重摹本，神觀已掩唐三百年作者。

右軍内擫法，唐人維季海、清臣用之，然皆有迹可尋，惟伯施渾然無迹。觀西安此碑，疑其鈍。觀城武此碑，疑其薄。得此乃知有真伯施，想伯施在地不知如何感激。又歎覃谿老人，結願數十年，不獲覩此盛舉也。後數百年，學者必有以黄金鑄臨川中丞者。

唐立隋皇甫誕碑

曩歲得宋拓此碑，臨摹數月，真書頓進。張瀣山同年見之，愛不釋手，適余奉使嶺外，而瀣山罷歸，請以所藏硯易之，重違其意也。余奉諱後，硯亦他贈。比余再入都，瀣山自秦還朝，過從時每一展觀，情恒眷眷，然亦以雲煙過眼置之。頃獲此帖，頓還舊觀，距躍三百。平生所見宋拓此碑，惟成邸所藏與此相伯仲耳。嗟乎，成邸本余親見其購於吴氏，又親見其入市儈手，以歸琦静庵節侯。物之聚散，難必如此。而余於此帖猶欲題識而長守之也，傎矣。

又

率更書出奇不窮，《化度》之淵穆，《醴泉》之華貴，《虞公》之峻潔，此碑之森秀，

各擅勝概，實亦無可軒輊，不必如虛舟持少時〔一〕之説也。六十餘年歲，安得爲少乎？

信本書此碑，最爲驚矯。秦中碑匠，拓法多草草，此紙氈蠟精善，神觀頓增，雖作宋拓觀可也。

唐初人書，皆沿隋舊，專爲清勁方整，若郭儼之《陸讓碑》、殷令名之《裴君倩碑》皆然。率更中令獨能以新意開闢門徑，所以爲大家。若伯施，自是王子昚、智永之傳，與北派稍異。率更《化度寺碑》却兼有虞法。

顯曾案，以上兩本，今俱藏余家。

又

舊藏一宋拓未斷本，秀峭絶倫，平生所見宋本以十數，元、明拓本以數十計，皆莫能髣髴也。雲麓此本，是石初斷時拓，用墨清朗，中間自六行至十二行足與余本頡頏。比來此碑佳拓漸少，如此拓之静穆者，尤不易得，雲麓其善藏之。戊子七月既望觀，同觀者達麟、許邦光、諶厚光。

唐等慈寺碑

顔籀此書，猶是北朝遺則，而加之矜雅，遂出《張神囧》上。

唐昭仁寺碑

言是碑爲永興書者，自鄭夾漈始，明趙子函持其説尤堅。按，《唐書》言勑永興與朱子奢共撰各碑，則謂朱文虞書似無不可。然細觀之，此書自清穆，而變化差少。昨見唐拓《夫子廟堂碑》，其勝處不可名狀。以此碑較之，相去遠矣。大致唐初人書，格韻皆有虞、褚風氣。此書在當日固未足稱作者，而由開、天以後觀之，則方之「峨嵋天半雪中看」矣。此書道升降之故，亦非人力所能爲也。道光丙戌十月二十八日，觀於盍孟晋室，因書。

唐九成宫醴泉銘

中令之奇變，顯而易見；以求率更，頗難。試合《温大臨》《皇甫誕碑》參之，當有會。古人書，下筆輒各成體，兩不相入，未有一字萬同，如嚴家之餓隸者也。

廿載京師，得宋拓《醴泉銘》三，以此爲冠，高華渾樸，法方筆圓，此漢之分隸、魏

晉之真楷合並醖釀而成者。伯施以外，誰可抗衡。誠懸學之，加以開張，見爲有餘，實乃不足。蓋羽扇綸巾，與縵胡短後，相去難以數計。墨守定法如脱塹者，更不足言。

顯曾案，此本今藏同安蘇氏。

唐裴鏡民碑

朗暢清拔，其不及歐、虞者，差露耳。殷令名書，開爽峭勁，風力當在褚登善、王知敬伯仲閒。貞觀時，歐、虞特秀，他家皆爲所掩。然如殷令名、郭儼，亦終不可埋没也。

唐温彦博碑

是碑率更八十一歲書，最爲老筆，故通師專學之。後來裴公美，亦自此得法。

唐伊闕佛龕碑

唐初人書，若《張琮碑》《于孝顯碑》《文安縣主墓志》《段志玄碑》，風格皆與褚公此碑相近。平心論之，褚書自當以晚年《房梁公碑》《聖教序記》爲進境也。

自隸變爲楷，江左習羲、獻之法，專趨圓暢。北朝猶守隸體，不取流麗。然所餘碑碣，訛文誤筆，往往而是，殆無足觀。隨碑如《趙芬》《賀若誼》諸碣，非不方正敦重，然正猶叉手並脚漢耳。登善劑以虚和，便自度越前哲。有善知識，行住坐卧，具四威儀，而其神通不可思議。中令晚歲以幽深超俊勝，此其早歲書，專取古澹，與《孟静素碑》用意正同。蘇子瞻所謂間雜分隸者。登善他書皆似漢隸之《韓勑》《曹全》，此碑則與《孔宙》《魯峻》爲類。書家每作一碑，意之所至，各自爲體，未有守定法者，翫唐人諸碑可悟。曩得拓本，紙墨雖舊，而墨侵字畫，幾不可辨；又少末一行，固知古人不必勝今人也。

褚書初地。

碑額六字，似追皇休明而不能至者。

唐陸讓碑

郭儼書，蓋亦自三公朗中劉珉得法者，故行筆與率更相近。唐初人書類此者多，顯慶以後不復有矣。

風力似在殷令名右。

此碑傳本絶少,《寰宇訪碑》亦只據趙氏拓本存目耳。其書俊拔秀潔,可寶也。王氏《金石萃編跋》云,君歷仕周、隋,入唐復膺顯爵。按碑,君卒於大業六年,未嘗入唐也。其大唐貞觀十七年云云,則葬之年月耳。首行「焕乎由素」,蓋借「由」作「油」;「茅土」「茅」字去一筆,竟成「茅」字,蓋當是臨筆之誤。

郭儼、普昌行筆,皆可與貞觀諸大家抗手,惜所存止此碑,又剥泐過甚耳。

唐文安縣主墓志

此銘風力清迴,以《三龕記》衡之,當是褚中令少作。《汝帖》内所收《東山答表》,亦正如此。蓋以蕭散取靈異,非第清勁也。

此碑近始出於醴泉,著録俱未之見也。字瘦而刻淺,恐難經久,可不珍重存之?元吉名劼,僅見此碑,足補新、舊《唐書》。述其事止二語,甚有味也。稱主之善,最爲知體。《代國長公主碑》言博塞阮箏之長,可謂失詞矣。

諸法本自歐出，而變爲散朗，觀此銘可悟。
「桔」即「拮」字。
「牖」書爲「牗」，北魏、齊、周人皆然。
「簫」從艸，「徒」從人，亦北朝習氣。
「黼」「抑揚」三字亦北朝遺習。
「藐」隋人皆如此書。
意境亦似率更《皇甫誕碑》。
「嬪」字先誤從歹，改筆可驗。
「免」作「菟」，恰是譌字。
「一」字用分法，雖泐可辨。

唐房玄齡碑

靈敏絶倫，不知當下筆時，興寄何許。
觀其運筆，有太阿剸截之意，所以與秦篆漢隸同一遒古。第曰「美女嬋娟，不勝

羅綺」，不足知中令書也。

細觀韓叔節《造禮器碑》，知諸公書發源處。中令書，須以沉着會其靈敏也。

顔書出自中令，此處離合須能理會。近來學中令書，只知弱筆取妍，豈知中令書，高處在筆力遒婉，故與魏晋闇合孫吴耶？

學一家便爲一家縛，律苾芻雖比粥飯僧差勝，然於西來意都無理會也。不知何時遇善知識。

在都時，學中令書以百過計，無甚理會。今夕展覽，頗似眼明，想數日來學顔魯國書故耳。

敬客書《塼塔銘》，書中傾城。此則藐姑射仙人，不食人間煙火矣。褚中令書，其秀得之晋賢；其清勁絶俗，則由其人品高。忠臣義士書，骨氣自是不凡，顔魯國、蘇文忠是也。米襄陽爲蔡京狎客，畢生脱不得一賤字。趙吴興書亦病此耳。

中令書，此最明麗，而骨法却遒峻。「蘭有國香，人服媚之」，如是他家綺靡。正猶剪綵爲花，即稍生動，亦尋常春風紅紫耳。

秀勁處易爲追摹。其生趣在字外剥泐之餘，如隔雲望海上神仙〔二〕，何時飛

到也？

超乎象外，却是在人意中。此仙人異乎吞刀吐火者。

又

中令書，早歲尚沿周、隋餘習，專取方整，兼有分、隸法。若《伊闕佛龕記》《孟静素碑》是也。晚歲始自立家，《慈恩聖教序記》及此最其用意書，飛動沉著，看似離紙一寸，實乃入木七分。而此碑構法尤精，熟此方能離法，無智人前莫説也。

舞鶴游天，群鴻戲海。元常、逸、敬以後唐人，惟登善能之。石菴先生評中令書云：「比似右軍曾少骨，秖應飛鳥得人憐。」三復斯語，未敢雷同。

「離紙一寸」，「入木七分」，須知不是兩語。「天真爛漫」，「瘦硬通神」，亦是一鼻孔出氣。

瑶臺青瑣，窅映春林。

運筆靈異，如飛花滚雪。

明漪絶底，奇花初胎。

幼學《皇甫誕碑》《醴泉銘》，粗知搆法，苦乏生動之韻，展視正似宋槧之歐體者。後臨中令《聖教序記》，稍知運筆法。至得力之深，則此碑爲最。

昔人言顔自褚出，學顔須知中令法，學褚須知魯國法。余始學兩家書，時茫然不省此語何謂。今歲周歷蜀境，行篋止攜兩家帖自隨，船窗展閲，若有所會。惜日在倥傯中，不能追其所見耳。顔、褚同處，尚易理會；至米老寄兩家籬下處，則非細觀《燕然山銘》不知。

唐慈恩聖教序記

運筆如空中散花，無復滯相。

顯曾案，此本舊藏余家，今歸徐壽蘅師處。

唐薛貞公碑

右碑無書者姓名，以字體論，頗似敬客，皆學褚而得其超俊者。

唐海禪師方墳記

信行《墳記》筆法清勁，頗與王知敬書《天后詩》爲類。

唐瘞琴銘

此書足與《王孝寬銘》方駕，不得因其晚出而持異論也。黄閍《李意如志》，當日疑者蜂起，然由今眎之何如？盍姑賞其精妙乎。商年同年示余，余歎爲希有，商年即以歸余，乃重裝之，以志珍重。嘉慶丙子花生日記。

此二十小字，有尋丈之勢，雖褚公何以加。

曩余得此本時，許青士爲余言，此石在吳下某氏，刻者爲某某，余頗疑近人書固鮮能到此者，果能若是，又何事駕言唐人？故前跋以《保母帖》爲況。既乃於吳下得數紙，則固自是本重摹者，都無神明，青士所見蓋是石也。比來重摹，亦已不存，況祖刻乎？因裝一本，與此印證。明歲青士來都，當並出觀之，供一軒渠也。戊寅中秋前二日，識於增默菴。

唐人學褚者，自以魏栖梧《善才寺碑》爲最似，然以《房梁公碑》衡之，猶有縛律處。敬、顧二君，天分自較勝也。《塼塔銘》逸氣舒卷，此則步趨中令，專取虚和，以氣韻静穆論，尚當勝之。當時所以書名不著者，想爲褚公所壓耳。然《唐書·吕向

傳》盛言其善書，今觀所書《述聖頌》，天分學力不及敬、顧二君甚遠，因知名之稱不稱，亦有幸不幸也。

唐李靖碑

王知敬書，傳者如武后詩及《金剛經》，皆結法峻整，頗似于立政、殷令名。惟此碑容夷婉暢，有子敬《洛神》風軌，蓋師其外拓法也。鄭商年同年藏一元拓本，神明焕然，曾借摹月餘，似有微會。今覽此帙，如遇故人。按吉人先生跋，此亦明定陵時拓耳，紙墨精妙，遂視近拓夐絶。陰游師雄書，拓本尤少，行筆奕奕，似蘇子瞻，亦足賞也。當時同人吉人昆季皆親到碑下，故摹拓不苟如此。講泉六兄以球璧視之，宜哉。戊寅秋日，觀于增默菴。同觀者，晋江許邦光、龍溪鄭開禧，皆極欣賞。

唐王居士塼塔銘

信行禪師方墳記，運筆與此一同，惟風趣不及此銘之娟秀，此自關天分也。

學中令書者，以顧升《瘞琴銘》及此銘爲嫡傳。此猶後半全文，可寶也。

學此書，須得其超俊處，方是錢唐家法。若專取穎秀易入，輕綺與中令終隔

一塵。

顯慶、龍朔閒人，無不服膺中令者，然二薛外，唯魏栖梧、敬客足承衣鉢，其天分超絶也。

藐姑射仙人，肌膚若冰雪，綽約若處子，秋菊春蘭，都應却步。觀其無筆不提，無筆不轉。白雲在空，舒卷自如。唐賢書，備存八法，而能鼓以天倪者也。

舊歲與顧吴羹先生論《塼塔銘》，頗謂其出筆穎秀，無登善古澹如銅箭書意。比來澄慮展觀，乃悟其開合舒卷，一歸自然，天資超絶。如趙千里畫，生氣遠出，不可徒賞其穎秀也。

唐蘭陵公主碑

碑無撰書人姓名，清勁秀逸，自是高手，頗與王知敬相類。爾時逸、敬真蹟，傳世尚多，顔、徐未出，故書家皆守史陵劉珉舊法。觀竇泉《述書賦》，指褚公爲澆漓，後學古今界限之嚴如此。遺山論詩不滿東坡，亦是此意。

《蘭陵公主碑》，清勁秀整，初唐佳書，筆法與王諮議爲近。向來碑匠惜紙，只拓上截，每行二十字，不知下半存字尚多也。此足本，紙墨俱佳，是程甜棠觀察所贈。

又

數字森秀絶倫。碑額。

蘭懷筆意，頗與此近，惜當時未得此碑，使摹仿之。因思少年人，有好天分，而苦於無傳授者，豈少乎哉！

唐碧落碑

陳懷玉書此碑，雜用籀篆古文，頗爲不倫。然剬緝詳審，各有依據，與魏齊人別體字以意創造者異。明郭允伯詆爲凡俗，近孫退谷欲摘存其字，皆似過也。鄭承規釋文，亭林先生正其誤者四，竹汀先生正「柔」「叫」「及」三字，皆極審，今並從之。余又視焱駕之焱，似是華字，疑不敢定也。

唐張阿難碑

僧普澈在當時自是能手，想與懷仁、大雅同傳智永心印者。

怯於率更，秀於竇懷悊。

《張阿難碑》磨泐且盡，其字存者，清勁婉逸，絶似貞觀中郭儼所書《陸讓碑》。爾時書家，皆師褚中令，此爲不隨風氣轉者，于立政書亦如是，然普澈韻度更勝。

唐懷仁聖教序記

汪孟慈舍人藏《聖教》宋拓本精絶，平生所見，以此爲最。此册無錫公在江左所得，明初拓本也。

唐王徵君口授銘

王紹宗自重其書，謂可方伯施，過矣。

唐二經殘字

唐人書，至開、天以後始有一種俗氣，蘇靈芝最甚，王縉次之，至田穎、韓獻之，不足道矣。蕭散澹遠如此兩殘碣者，譬雲中孤鶴矣。

此書清勁，須觀其不流入薄弱處，韻勝故耳。若《代國公主碑》，便似氣不足；《于大猷碑》尤甚。

右《阿彌陀佛經》。存字中有金輪所製字，故知爲唐初人書。其書氣韻淵穆，邈然有出塵之姿。而古今談金石文字無談及者，豈以僻在深巖故耶？《涅槃經》存字五段，自來談金石者皆未言及，《中州金石記》亦遺之。聞碑匠言，石在汝州，前後漫漶無一字矣。

此書清勁，而取勢甚遠。曩見吴荷屋先生藏《涅槃經》殘字，目爲薛少保書。覃溪先生題云：「吾于此悟控引王羊之秘，即此石後一段也。」

嗣通書存者，僅《昇仙太子碑陰》，與此殊不類。此書韻度澹遠，實足繼武中令，即目爲嗣通，不爲過也。右二經殘字皆學中令，而出以清迴者。

唐景龍觀鐘銘

以分隸爲真書，魏齊碑碣類然。此用其法，而氣象雍穆勝之。中一字、之字、上字，兼用飛白法，更爲奇偉。山谷評王晉卿書如蕃錦，余于此銘亦云。

唐大雅集王羲之斷碑

懷仁集書，千古絶作。其病在字體銜接太緊，不得縱宕，故香光疑爲懷仁自運。蓋匀圓整潔，止是唐法，晋人無是也。此碑神觀自不及懷仁，而分行稍疎，轉覺古穆。

唐高福墓志銘

《高福墓志》無書者名，清婉獨絶，是出自内史者。在爾時争尚肥厚中，尤不易得也。乾隆初年，石出於世，秋颿撫秦時攜歸吴。畢籍没時，爲元和令唐某取去，傳拓漸稀。此猶秦中拓，可愛也。

唐思恒律師志文

此書清峭有致，文則潦草。

唐端州石室記

北海書如此沉厚，張從申那得髣髴。

《端州石室記》磨泐殆盡，然其結體運筆，可與子敬《十三行》參觀。

校勘記

〔一〕「時」，《吉雨山房全集》本作「作」。

〔二〕「仙」，《吉雨山房全集》本作「山」。

芳堅館題跋卷二

唐道安禪師碑銘

王知微摹官帖，置僧書於秦漢閒，蓋不知其時代也。《大觀帖》仍之，可謂舛矣。宋僧人非粹白，故其書飛揚之意多於沉静意，子瞻所謂竊鐵之見耶？可見學書先貴立品，李北海何等變化，然見者不敢持此論矣。

唐人評宋儋書云，歐、鍾相雜，自是一格。此書縱横跳擲，一洗唐人方整習氣。惟未平澹，稍佻耳。《閣帖》所收一札，遠在此上。儋書傳世者無他碑，是石比亦刓敝，得不珍重視之。

唐麓山寺碑

李北海《岳麓寺碑》，雖宋拓亦漫漶無鋒，惟碑末有江夏黄仙鶴刻字耳。此本是前百餘年所拓，猶可想像北海手意。比來石爲庸人磨治，無復舊觀矣。

唐易州鐵像碑

蘇靈芝學薛最似，其俗則人品爲之。《鐵像碑》雄厚穩密，韻不足而法有餘，學之而加以超邁，則正法眼藏也。

學書固不必持苛論以繩古人，然亦須有分別。蘇靈芝所以爲人所薄者，止因舍利塔結銜與此碑不同，又碑有磨去重刻之跡，疑其曾污安禄山僞命耳。然究無他明證，愛其書而寬其説可也。

唐田仁琬德政碑

蘇靈芝之書，蓋出自薛嗣通，法備而韻不足，當以山谷之評李西臺者評之。傳世碑碣，惟此最勝出。夢真容《鐵像》《道德經》諸刻，上若《閔忠寺塔銘》，則其污僞命後所書，益頽唐不足觀矣。

唐山頂石浮屠後記

《范陽賜經記》，行筆最爲沉健，有王行滿意。

唐竇居士碑

《竇居士碑》雖磨泐殆盡，而存字結體婉雅叚清。在當時無書名，然北海任文而不任書，意亦推重之者，與張庭珪之隸同也。

唐尊勝幢

張少悌在當日無書名，而所書《李臨淮碑》及此幢皆雄暢有氣，遠勝蘇靈芝、田穎。《臨淮碑》已泐，惜哉！

唐多寶塔碑

顔魯國書此碑時，年四十五，未自立家。然規矩準繩，方圓平直，而氣韻沉毅，一湔輕綺之習，自是書中豪傑之士。

右自「一十九」至「輪奐」，斯爲宋渡江後拓，餘皆北宋拓。

顯曾案，此本今藏余家。

唐三墳記

李監書，須尋其變動飛騰、隨手取勢處，以《峿臺銘》《碧落碑》互觀，便知「斯翁

而後，直至小生」自許，良非誕妄也。

是碑已經重刻，然李監手意猶存在。知鄭文寶所刻《嶧山碑》，直是徐鼎臣一手自運。元未嘗雙鉤填廓也。

唐大證師碑

季海此碑，實勝《不空碑》遠甚。其圓勁渾厚，純用内擫法，右軍正傳也。

唐臧懷恪碑

顔魯國此碑最爲開張，然不易摹習，恐結體疏緩也。

柳諫議學顔，却是由此入手。

《忠義堂帖》内所摹《放生池碑》，運筆結體，與此正同。顔書之最秀逸者。唐季韋縱全學此碑。

唐麻姑仙壇記

山谷言《麻姑記》是宋初一僧所書，蓋傳聞之誤。此書以蠅頭小字，而瓌瑋奇傑，元氣淋漓，天真爛漫，與《中興頌》同一神觀。微特宋人不能到，即中令之《西

昇》、會稽之《老子》、河東之《清静》《度人》，皆「一覽衆山小」矣。顔魯國後如更有一人，具此神通，即當與魯國代興，詎屑刻畫形似，爲魯國重臺者？故余不敢附和山谷之説也。是記建昌原石已佚，重摹者了無足觀。明人類帖内所收，或纖或滯，其貌且非，況韻格乎？此紙真唐石宋拓，樂平汪巽泉先生得於陳氏夢禪室，先生陳氏婿也。道光癸未，出以示余，詫爲希有。適余得紹興刻米書二册，先生亦歎爲殊觀，因用米老故事，互易焉。使余數年前得此，書當有進。今視已茫茫，萬事都付懶惰。崎嶇碑碣間，亦不願作字匠矣。記此三歎。甲申清明，書于盍孟晋室。

學顔魯國書，乃知古人一筆不敢苟下。伊川言「作字甚敬，即此是學」；司馬温公《通鑑》書稿兩屋，無一筆作草，皆是説也。王介甫書如飄風急雨，此所以爲介甫。趙吴興日書萬字，康里子山日書三萬字，難則難矣，今觀其書，畢竟有信筆處。既非傭書，安用吴彩鸞日竟《唐韻》一部爲哉？余書雖拙，然非專溺於遲者。聞余是説，亦可信其非自文也夫。

臨此記二十過，似有會，只是不透徹耳。

昔人評此書，曰秀穎，曰寬綽，曰清穆，曰雍雍超逸。須合觀之方備，所謂天童舍

利，五色無定，隨人見性也。

唐八關齋會報德記

唐人評顔魯國書，如荆卿按劍，樊噲擁盾，金剛嗔目，力士揮拳。李重光至目爲叉手並脚田舍漢。米元章服膺顔行草書，而云正書便有俗氣。是三説，皆非真知顔魯國書者。明趙子函評顔書，如登高臨深，巍巍翼翼。董思白臨《八關齋記》，歎其有篆隸氣，無貞觀、顯慶諸家輕綺之習。黄石齋言《新唐書》評顔書曰遒婉，最有識鑒。後來學顔者，但知其遒而不知其婉，所以與魏晋遺法判若鴻溝。苟能觀其會通，原是一家眷屬。斯皆深知顔書，魯國有靈，當拊手稱快，如沈隱侯之賞讀蜺者。趙子固論書，獨推丁道護《啟法寺碑》、顔魯國《離堆記》，得右軍左邊一搭直下法。曩與李春湖侍郎摩挲丁書，恒以不得見顔記爲恨。己丑臘月，余試閬州，始訪得之於新井鎮。刻在巖壁，臨嘉陵江上，存字四十四字，仰視若鳳鸞群翥於煙霄之上，令人色飛。其旁里許，鮮于仲通故居，今爲道士觀，舊有魯公祠，已圮。有碑，宋馬存文、明盧雍重書，尚完好。因募工縛木爲架，拓厓字數十紙，並屬吴梅梁觀察暨郡縣

命道士愛護之，且爲之約，官拓者必與貲，冀爲觀益，不爲觀累，庶可以久。郵寄越中，而春湖已下世，度不及見矣。嗟乎，以歐、趙諸家所未得見，而余始得之，豈與魯國有香火緣耶？余訪得《王稚子》《楊侍中》二闕、《漢安題字》及此記，蜀遊爲不虚也。因臨《八關齋記》，憶香光語而類識之如左。壬辰冬至識。

唐改修延陵季子廟碑

此碑今尚完好，不知拓本何以罕傳，且氊蠟潦草也。宋人謂從申書勝北海，未敢雷同。

張樗寮書《金剛經》，勒石焦山者，結體運筆，皆自此發源。然張司直側鋒取勢，漸近自然，温夫則鼓努爲力，此時代爲之也。

蕭梅臣文清便戍削，在爾時亦爲佳製。

竇長源《述書賦》稱從申書云「羲、獻風規，下筆斯在」。歐陽公不喜從申書，後聞李西臺學從申書，始録之。黄伯思言張書似北海《法華寺碑》，皆非言此碑，言黄帝問道崆峒數行耳。此書原石未見，海鹽陳氏刻入《玉煙堂》中。

唐人無不圓鋒，惟此碑是側鋒取態。後來范石湖、陳簡齋皆濫觴於此，張温夫得之最多。

韓方明《授筆要説》第四握筆，謂捻拳握管於掌中，懸腕以肘助力書之。起自諸葛誕，後王僧虔用此法。近張從申郎中拙然而爲之，實爲世笑。竇子全云從申結字緊密，近古所無。恨歷覽不多，聞見遂寡。右軍之外，一步不窺。意多榻書，闕其真跡故也。觀此，則從申書，唐人雅不重之。

唐顏氏家廟碑

顏書此碑至今完好，然近拓便神觀不逮，不省何故。碑匠拓碑，多遺其額，最爲憾事。况此額少温篆，清臣書，而可遺乎！因以近拓補裝於前。

明人言，蘭臺《道因碑》真書之分隸也；魯國《家廟碑》，真書之玉筋篆也，語亦良是。

觀顏書，知其雄健易，知其靈秀難。泰山巖巖，是何等氣象。然春雨初過，翠蒨滿眼，又何娟麗也。評顏書，曰「金剛嗔目，力士揮拳」，正是走馬看山，無有是處。

昔人謂《曹娥碑》有孝子慈孫氣象。今觀魯郡書此碑，端慤睟穆，肅乎若冠裳而對越也。蓋立廟以仁祖考，刊石以誦清芬，臨筆之頃，聚會精神，澄滌思慮，與他書應人之請，固當不同耳。

魯國文筆明贍，微失之黯。惟此作最合體裁，蓋敘述先世以詳備爲宜也。郭太保廟碑鋪張，令公處固無溢美，然頗似傷繁矣。學顏書，須識其性情，不可專翫其體貌之偉。

是碑前額爲李少温篆，後額爲魯國記廟之室址。碑匠惜紙，未有拓者。曾屬秦人致一紙，尚完好若新刻也。

唐鹽池靈慶公碑

唐人學魯國者，此碑最似。然似在形貌閒，以品格論，止可與韓魏國方駕耳。姚燧學顏，則又在此下矣。

唐符璘碑

柳書，香光服其下筆古澹，此非深於此事者不知。好之者以爲開朗，病之者以爲

支離，皆皮相也。《馮宿》《符璘》二碑字，較小於《大達和尚碑》，而魄力雄渾一同。此是何等神力？以此觀之，《護命》《常清浄》二經，斷非誠懸真蹟也。

唐玄祕塔碑

「尖如錐，捺如鑿。不得出，只得却。」覩此佳拓，始會斯語。道光四年重陽觀。

誠懸一帖云：「近蒙寄筆，深慰遠情。但出鋒太短，傷於勁硬。所要優柔，出鋒須長，擇豪須細，管不在大，副切須齊。副齊則波掣有憑，管小則運動省力，豪細則點畫無失，鋒長則洪潤自由。」近山舟先生謂柳用羊豪之説本此。

顥曾案，此本舊藏余家，今歸陳樹堂此部處。

唐圭峰碑

裴公美書，是自率更得法，而以整潔勝者。明人評其勝柳，殊未然。柳之圓勁古澹，固不可及也。

又

米襄陽稱公美捲袖書榜，乃有真趣，勝柳書國清寺榜。此書嚴潔之至，如律師具

四威儀，雖未能得大神通，要爲勇猛精進。其源亦出自率更，而斂其開張爲遒緊，以此作蠅頭書，尤宜也。

公美書以筆筆堅實勝，不欲以虚鋒取媚。此是秦漢篆隸舊法。學書從此入手，便可無信手之病。熟極之後，渣滓盡而清虚來，依舊可與二王相視而笑。若未知結體，便欲舍法，如金壽門輩，晝夜獨行，全是魔道。

唐殘碑

中言太原郡開國公王宰，以大中四年駐節關亭，紀其轉歷及往復所自。

玉圃前輩以此碑貽余，不能名爲何碑，遍詢收藏家，亦無知者。然自是中唐佳蹟，容更質之談考證者可耳。

新羅國朗空大師塔銘

是碑傳本絶少，自來談金石者皆未之及。書體蕭散，有晋人餘意。吾姑藏之，以傲歐、趙。道光四年花朝，購於破紙肆中。

《金石萃編》載此，自「收領永爲住持如」，至「難測穹蒼」止，於全文不及四之一。評曰文體書體整鍊渾厚，初唐之佳搆也。

宋劉奕墓碣

忠惠真書碑碣，從來著録第知有《萬安橋記》《晝錦堂記》，無知有《劉蒙伯碣》者。自余始拓之，是一快意事。碑文雅密有法，書蒼潤遒暢，絶似顔魯國《清遠道士詩》。忠惠不肯奉詔書碑，曰：「此待詔職也。」而獨欲有効於蒙伯，則蒙伯之人可知也。

元姚天福碑

《姚天福碑》，題道園書，實則松雪筆也。圓暢有韻，極似北海《東林寺碑》，維北海以氣勝，趙以態勝耳。

閣帖

此卷自會稽王道子書以後是泉州本，古香可挹。此卷王珉書，第三帖脱「待。臨出亦遺報既至王家畢，卿可豫燉光公，令作一頓美食，可投其飯也」。王珉敬報凡四行三十一字，祖本失之末摹補耳。

此卷内張有道、王世將、皇休明三帖，皆無上神品，於此有理會，乃可以衡古

今書。

王敦、桓温皆古澹有遠韻，惜其作賊耳。

潘氏祖本，國初藏梁蕉林家，後歸陳伯恭先生。歲甲申，陳氏出以求售，曾留小齋旬日，以直昂不能得。迄今追念，意尚惘惘。《官帖》收子敬書最精，吴應旂摹此册亦最用意。細觀之，筆法墨法髣髴遇之。持此以衡北海、魯國書，皆探源而下矣。

又

《閣帖》内所收率更書不精，所以潘師旦《絳帖》内悉行易之古法帖。内何氏書，乃率更書之佳者。知微又以他屬，可見别書之難。《山河帖》是集《枯樹賦》字，然與今傳本不類，可知今本難信。

「既移屋」二帖，米定爲羊中散書。讀帖末二字，爲「欣白」，玩其筆勢，自近子敬。中散固學子敬者，米固學羊，有重臺之稱，意鑒中散書，當不誤也。

此卷以他本補足者，紙墨雖舊，而神觀差不逮。刻手專趨圓雋，轉成輕稚也。

失真耳。

又

《萬歲通天帖》内有簡穆江郢小郡一牒，神觀飛越。此二表自較沖邈，傳摹數四右軍書真蹟，竟當何如？我輩所見，皆是於影上摹影耳。伯思、元章斷斷分別，僕謂果得鐵石任靖書，正恐以泰和之識，不能辨蕭誠耳。

《官帖》重摹本，《絳》《潭》既不可遇，明人所摹，自以此本爲冠。

先太史從宦江左時，購于雲間。時左仲甫方伯在先無錫幕，歎爲希有。先太史於書習魯國、魏國，然于是帖日必循覽也。展觀手澤，不勝愴然，願子孫知寶。

別本《閣帖》有「臣王著模」四字，元常部内多《戎路》一表，右軍部内時有異同，字畫敦古可喜，以神觀論，與顧本伯仲間耳。又一重刻瘦本，無復神觀，不足觀也。

汝帖

王輔道刻《汝帖》，宋人最譏之。然在今日，亦星鳳矣。

唐摹十七帖

草書《十七帖》，如方圓之有規矩。唐摹本相好具足，尤爲希有，無意中獲此，抑何幸也。

得此卷，臨十餘日，始識草書。數日内焦墨泉舍人亦得一本，頗佳。其渾雅，猶當駕此本上，而俊邁不及也。余姑享敝帚以千金，有索余贈者，愛不忍割也。

顛、素固曠古奇作，然不可學，以點畫繩之方是。已下疑闕。

近吴中謝氏契蘭堂刻《十七帖》甚用意，曾乞得一卷，以衡此帖，隔幾由旬。

虚舟吏部言「學草書須從規矩入，從規矩出」，此語可爲發風動氣者對癥藥。

《藏真》小字《千文》，便有與内史印合處。文氏刻頗失真。

《官帖》内所收《十七帖》諸則，非直失其神韻也。評書者類呰知微，良不爲苛。

《瞻近》帖真蹟，乾隆中已入大内，刻之《三希堂》中。嘗得謹觀，覺此帖猶有髣鬅，宋摹《十七帖》判若河漢也。

諦觀此卷百過，可以學《蘭亭》，可以學《書譜》，可以學《絶交書》，並可通之《争坐》《祭姪》諸帖。

馮伯衡所勒《澄清殘帖》惟妙惟肖，猶足與斯刻相發明。頃見宋拓《大觀帖》，神采動人，内《十七帖》數則，別成結構。米最推《王畧帖》，頃得《寶晋齋》本，意象正與此同，更淵穆耳。

未到廬山，已難一偈。舉似到耆闍，崛定當何如。

《餘清》《鬱岡》所刻《十七帖》皆精，而皆失之輕靡。精神焕發，神趣高華，目中僅見此本。

内史真傳，惟孫虔禮盡得之，然頗失之専謹。永師《千文》亦然。宋人若莆陽之端麗、道祖之清俊，亦總患神明少耳。

天花飛空，翔舞盡致，觀者目不能瞚，遇之此卷。

顔平原《鹿脯帖》，意象與此一同。由此學顔，便無怒張之失。

《法苑珠林》「優婆離爲五百釋子鬄髮師，不輕不重，泯然除淨」此語可會。

頃見子敬《授衣帖》，是自宋本重摹者，筆法之妙，如仙人嘯樹，無復世諦，所謂

固當不同者。然觀内史此帖，又若疑彼之未忘情於蹊徑者，則何以故？當訪善知識參之。

定武蘭亭重摹本

馮氏重摹《定武帖》，固未精絕，然却足與陳氏本相證。

黄庭經

《祕閣黄庭》圓渾清穆，遠在博古堂本上。

顯曾案，此本今藏余家。

十三行

余丁卯計偕入都，先大夫授以此帙，且命之曰：「歐、虞並稱，而君子藏器，以虞爲優。今伯施原石拓本不可得，見《十三行》不激不厲，而風規自遠。日摹之可也。豈惟書哉？立身行己，處事接物，皆當若是矣。」言猶在耳，而頽惰無所就，循覽惕然。癸未小除識。

國初漁人於西湖網得一石，所謂「玉本《十三行》」，翁蘿軒得之，楊可師作跋，當

時甚重之。宋刻「擢」字作「權」本遠不逮也。此紙當是未墜湖時拓，神觀較蘿軒所拓更勝。

香光論古今小楷，以《十三行》爲第一。蓋唐荆川藏本，涿鹿馮氏所重摹者是也。石菴相國以爲柳誠懸臨，想當然耳。

又一本，前有虞伯施印。馮伯衡摹之，自跋百餘言，震耀殊甚。以余觀之，岑鼎也。運筆頗婉暢，然輕綺無古人淳澹氣象，伯衡爲所紿耳。

《十三行》墨蹟，元時在趙松雪家，故松雪小楷獨有晋韻。然以氣格論之，實不若思白往見。思白書《文賦》，圓暢蕭散，真足與子敬相視而笑，莫逆於心。

四桂堂玉本《十三行》，刻手淺細，無復神觀，不審當時何以得重名。以余觀之，尚在《墨池》《鴻堂》諸刻下遠甚，僅可與《翰香》本伯仲耳。臨池者勿震於其名也。

《玄晏齋》本最爲沉厚，然諦觀之，止是唐人風力，晋人虚婉之度，固當更勝。臨《十三行》五十過，忽有會於《皇甫誕碑》。又和「舞鶴游天，群鴻戲海」八字，唐人所不能髣髴。米老小字《千文》，亦仍著色相。

觀古人書，只須望其氣韻，便自不同，不待規規論形似也。《玄晏齋》刻信佳，然

諦觀頗類顯慶、永徽中人書，知者辨之。

《十三行》章法之妙，斜正映帶，妙出自然。若使全賦具存，更不知若何奇妙。何當默存一至清都境也。張文敏詩：「冢中秃管已盈于，畫被栽蕉廿七年。到此依然書不進，始知王質少仙緣。」文敏天分甚高，猶專勤若此，況余庸駑乎！

世傳草書《洛神賦》，亦稱爲子敬書。以余觀之，運筆尚圓暢，却縛律，正與《景福殿賦》相類，不第非子敬，並非唐人也。《官帖》第九、第十已數經重摹，然展視時，靈俊之氣猶自照耀眉宇。烏有全賦千餘言，而索索無生氣，如曹蜍李志乎？

張文敏臨《十三行》亦殊不肖，結體太方，出筆太重故也。石菴相國則於象外取之，是爲超詣，非看穿牛皮者所知。

晉、唐、宋、元、明諸大家，得力全是箇静字。須知火色純青，大非容易。國朝作者相望，能副是語者，只有石庵先生。張文敏如許神通，畢竟未得無諍三昧，亦緣年華稍促故耳。使其得享大年，固當不啻石菴相國。臨《十三行》不如其臨《黄庭》，願稔知者。

石菴先生云：「香光力追顏、楊。楊姑弗論；魯國書如老栟枯株，穠花嫩葉，一

本怒生，萬枝争發。香光未然也，徑趨淳質，則絶少穠華；略涉芳妍，則頓離樸素，古人之難及如此。然此特於香光持此苛論耳，他家何暇及耶！」此論甚精，能理會此語，便是透網鱗。

石菴先生定《力命表》爲永興所臨，不知何據。然筆意實相近，《鼎帖》尤可驗。晋人小楷，最須玩其分行布白處。唐賢雖歐、褚大家，總似爲烏絲闌所窘，《東山帖》便蕭遠有致。

「明漪絶底，奇花初胎。青春鸚鵡，楊柳樓臺。」李將軍畫也，子敬書也。「其形也，翩若驚鴻，婉若游龍。榮曜秋菊，華茂春松。遠而望之，皎若太陽升朝霞，迫而察之，灼若芙渠出渌波。」以評此書當矣，然不如竟目之曰「淩波微步，羅韈生塵」。

黄山谷言子敬《乞解臺職表》，不以法度病其精神。余尋訪廿年，未覩善本，不能印證山谷之説。然摩挲《十三行》，想象其落筆時意象，亦復遇之即離閒也。

《黄閎李意如志》固可疑，然宋季無能爲此書者，姑以《鵝群帖》例之。姜白石題識累幅，似可不必。香光跋稱晋拓，亦聊爲是説以自娱耳。其實觀古人書，但論佳

否，不必復問真贋。即如《十三行》，傳本甚多，皆有異同，亦各有勝處，幾如游丞相之百二《蘭亭》，畢竟何者爲真大令也？

唐文皇目子敬爲餓隸，當日内府藏子敬書必多，所評諒非無見。今僅石本，則餓隸爲藐姑射神人矣。

六朝人書，惟《張猛龍碑》結體奇變，運筆亦峭厲。然却與魏晋無涉。趙子函言歐、虞知此，便入二王之室，尚非通論。

唐拓《廟堂碑》，余於李春湖少司空處見之，觀其重摹亦甚精審。因用高麗紙臨寫兩過，意若有會，旋取《十三行》觀之，眼界豁然。趙子固過富春江，見其澄碧涵月，大叫曰「是吾水仙出現也」，余亦處處遇《十三行》出現。

虞永興書，自言於道字發筆有悟。蓋其堅厲圓浄，畫沙印泥、折釵股屋漏痕，同是一箇印證。千古書家，不能舍此有他謬巧。但唐人千氣萬力，不能如子敬之超勝。子敬鋒穎太俊，又不能如右軍之虚渾耳。

趙子固《水仙卷》，見之使人有天際真人想。閬中山水之勝，始過富春。僕於此理會《十三行》意，粗得彷彿。只是不能實證，緣天分不高，難言一超便到佛地。且

須作粥飯僧，繫墜腰石也。

張長史傳魯國《十二意》，止是唐人法耳，於魏晋相隔尚遠。魏晋人書，非不結構嚴密，然其章法之妙，如絳雲在空，隨風舒卷，有意無意間，尋繹數四，但覺深遠無際。如子敬此書，疎密斜整，映帶成趣，使得全賦觀之，隨手之變，更不知如何靈異。此莊子之文、青蓮之詩也。唐賢有字法，無章法，所以一覽易盡。宋以後並字法未審，何有章法！其故作離奇者，英雄欺人，孫壽之墜馬妝、齲齒笑耳。

唐人學子敬者，北海最似。

庚寅上巳，余在龍州試院，雨雪，連山皆白，呵凍臨《十三行》，似有微契。遥望圖山招寶子明，亦如黄鶴樓上，親聞純陽仙翁吹玉笛也。

曩歲得唐拓《麻姑仙壇記》，臨摹月餘，始知晋法惟顔魯國得之最多，不第《宋廣平碑側記》可證也。至《東方畫象贊》，世傳以爲展右軍書，乃殊不類。蓋魯國真行皆自子敬出耳。

辛卯人日，借琦静菴節使所藏俞紫芝書《廬山草堂記》，諦觀竟日，始悟鷗波於《十三行》得無諍三昧，所以餘派所衍，各擅勝場。如紫芝之暢逸，恐文、祝二君無此

神韻耳。

昨細尋《玄晏齋本》，再觀此本，所見又異。東坡云「不識廬山真面目，正緣身在此山中」，信矣。

書雖小道，古人自有安身立命處。《十三行》，香光之主人翁也。近日石菴相國臨《蘭亭》，臨《洛神》，本不求似，亦遂無一筆似。魯直云「那識洛陽楊風子，下筆便到烏絲闌」，簡齋云「意到不求顏色似，前身相馬九方皋」，所謂「無智人前莫說，打你頭破百裂」者。

李意如墓志

《保母帖》初出黄閍時，疑者蜂起。余謂第以書論，固非宋人所能到也。香光摹入《戲鴻堂帖》，頗失真。此本尚有鋒勢可尋，當以東陽《蘭亭》例寶之。觀此帖，須以《鶴銘》意求之。其格韻自是唐以前人，不必因子瞻《金蟬墓志》別生疑議。

香光有晋搨之説，今無從見。得見重摹之差勝者，亦足以自慰矣。

姜白石跋，規規辨證。余謂可無辨也，王畿不聞能書。宋季人如白石、槜寮者，即爲巨擘，去此尚遠在。以下疑闕

潁上黄庭經

駿鸞駕鶴，飛行絶跡。下士見之大笑。

思古齋《黄庭經》筆法靈峭，自非褚中令不能。

潁上蘭亭敘

董思白最賞潁上本，近覃溪先生又最議之。董論風韻，翁主考證，各明一義。

芳堅館題跋卷三

鵝群蘭亭

褚臨《蘭亭》，以神龍爲正嫡，鵝群館本又勝墨池堂本。須觀其飛動處，仍是沉著。入木七分，離紙一寸，原不是兩語。

神龍《蘭亭》在唐摹中爲差可信者，項氏鵝群館本腴暢飛動，最爲殊觀。諸跋摹勒，却失筆意。

米海嶽蘭亭

香光以此卷質於海昌陳氏，掣去六行，示必贖也。後竟不贖，故陳氏《勃海藏真》所刻遂缺六行，覽者病之。此拓爲延津之合，詎非快事。

褚臨蘭亭米跋

米老極自重小楷，不爲人書，惟跋古帖用之，然亦只是小行書耳。觀其蠅頭分

許，而有千巖萬壑、鸞飛鶴舞之勢，唐三百年，恐無具此能事。

遺教經存字

《遺教經》存字相傳爲錢唐書，實則龍朔、麟德間學諸所爲也。轉折勁利，豪芒備盡，不及魏栖梧、敬客，而出吕秀巖上。隋及唐初去山陰未遠，石刻往往有其遺意。開、天以後，無此韻味矣。唐人寫經存字，率類中令。然中令〔一〕超邁處，恰無能及者。

藏真三帖

素之得名在青蓮後，安得作歌贈之？語氣亦殊不類。素師草書，雲花滿眼，正是天真爛然。

觀其煙舒雲卷，一歸自然，乃悟彦脩之妄。

米老云：「懷素稍到平澹，而時代壓之，不能高古。」此評最允。鮮于太常言草至山谷始大壞，不可收拾；楊升菴詆解春雨爲鎮宅符，皆非過當。

素師《苦筍帖》真蹟，曩曾見之，與此正同。

草書先當戒狂怪一路。

藏真比張長史筆力自少怯，然平澹天成，下筆如蟲蝕木，真得子敬正傳而不襲其貌者，當爲草書正宗。後來唯鮮于太常能得其意，解春雨所臨便成鎮宅符矣。

膳部書自佳，然不若蘇子美。

卷端項子京題字殊草草，當是其早年書。

論坐帖

曲阜孔信夫摹入《玉虹鑒真》之祖本，後爲蘇齋所藏，今歸徐星伯。曾借觀數日，與此本紙墨皆同，蓋一時拓也。後來所拓，不能如此圓渾矣。翁本曾落水，微有浥痕，故覃溪先生詩以彝齋《蘭亭》「將」字濕紋爲比，然畢竟是西子之顰，似此完善，尤可寶也。

顯曾案，此本今藏余家。

又 附《祭姪女》《劉太沖敘》《劉中使帖》共一册。

顔魯郡《論坐》《祭姪》二帖，先太史得於吴門，余益以《送劉太沖敘》《劉中使

帖》。

曾以宋拓校之，知思白輕陝刻爲傎也。

近曾省齋摹此入《滋蕙堂》，太穉無神采。

顔書出于大令，須以大令意求之。

此魯國書之最流逸者，不可以迅厲鬱怒目之。

《停雲》此本從聶雙江本摹出，頗失真。然《餘清》本亦不能遠勝。

《劉中使帖》開闔變化，如龍如虬，想見忠義之氣盤薄鬱積。

學顔魯國書，知徐會稽是正法眼藏，不能如魯國之大耳。米顛於徐會稽、柳誠懸皆有異議，於顔之真書亦致不滿，蓋胸中横著晋法，於唐人書若登東山而小魯，其實在山外看廬山也。

《馬病》《乞米》《祭伯》都無善本，雖宋拓，亦未爲精審，苦無神觀。

聞廣西猺洞内有藏顔魯國真書《論坐書》，即繕清與郭英文者。倪草衣極贊其妙，然來歷無可考也。滇人周亦園摹《聽雨樓帖》，收魯郡《述張長史筆法十二意》，其僞不疑。時雜一二筆作篆勢，如庸工鑄鼎，補鍋之迹顯然。顔公若生金，一傾便

成三十二相莊嚴，那有如許做作！

學顏魯郡行書將千過，都無入處，顏黄門所謂良由無分也。大致縛律不成書，却又不能不從攀蘿附葛入手。極知從門入者非家珍，但參父母未生一語不徹如何。

余自己卯使粤，即日臨《争坐位》一過，始頗有會，百餘過後便如銅牆鐵壁，再透不過。今歲在鷺門，亦臨摹月餘，都無理會。十月入都，至洪山橋，舟次兀坐悶甚，聊以此帖消閒，所見似又差進也。壬午十月十九日。

董香光論書，創「不説定法」四字，實爲千古未發之覆。知此纔可與學顏魯國、楊少師書，而權衡各家高下也。

《劉太沖敍》如龍蛇生動捉不住，然《蔡明遠叙》更爲渾遠。二帖明人所橅皆未精，須以《論坐》意追尋方得。能學二《敍》者，亦獨有董華亭耳。舟泊竹崎，書此。

《祭姪文》吴用卿所摹，視文衡山本自爲差勝。衡山是從聶雙江重摹者。曩歲見揚州汪孟慈同年藏一宋拓本，神采奕奕，借臨旬日，乃知平昔學《祭姪》，都是見影而論妍媸，無有是處。

《劉中使帖》觀其生氣鬱發處，此是興來擲筆到紙，無意於工，更何意〔二〕於

奇也。

江山縣小船如葉，人居其内如篋，悶甚，唯與顔魯國展對，差不寂寞耳。壬午年十一月八日，江山船上書。

十一月十一日，舟至章溪口，距三衢僅廿五里許，來往舟將數百，密布江面不容罅。長年攤錢酣睡，僕非與顔魯國作緣，將悶損矣。

米元章、蘇子瞻行書，皆可印證《論坐帖》；蔡、黄自顔出處，便難以迹象求。壬午十月十四日，登程還朝，小篋中止携此册，適館後稍閒，便閲一過。竊謂顔魯國書，如天童舍利，青黄赤白，隨人見性，都非真相。董思白所以敢訶懷仁集書者，正於此處得法眼耳。

十一月十一日，舟爲前船所阻，奴子於沙磧上得怪石五，僕學東坡供之，内子笑謂余：「此漁父過而不睨者，君如此珍重耶？」凡遭遇榮枯，作如是觀。得石者陳泮、藍福也。

曩不喜王孟津書，尤不喜張二水書。今日澄心細觀，知兩家亦從顔魯國來。虬髯客作夫餘王，雖非隆準，在彼亦自有不群者在。

數日來，皆賴顔魯郡爲我破悶。兩日筆如鐵，硯上甫滴水即成玄冰，僕祗好與紅友作緣矣。歎歎。壬午十二月九日。明日大寒，在吴門小住三日，無稱意事，唯獲宋拓顔魯郡《送蔡明遠前後帖》，天氣未佳，帖差慰耳。

祭季明文

右《祭姪》單行本，清暢圓逸，頗勝《停雲》本。唯末第三行「有知」二字，末筆過直，不若文摹耳。

又

此刻非文非吴，不知石在何處。中間「脅」訛爲「背」，與《停雲》同。「卜」字不可會，與《餘清》同。而圓暢飛動，二本皆不能及。殘珪斷璧，祗須有助臨池，皆可寶也。壬午四月觀。

送蔡明遠序

庚寅十一月十八日，夢有以顔魯國《送蔡明遠序》索跋者，書其左。醒而録之，不知何感也。

蔡明遠、鄒游、夏鎮，不知何許人，既爲魯公所賞，必非無所長者。顧天下如此三人者何限，而三人者竟以魯公傳。三人追從魯公時，豈嘗計及於傳者？而卒以傳，可見傳之不可以意求也。嗟乎，以一從事之微，而魯公勤勤懇懇，至作序送之，肫摯如家人父子，此自足以得三人死力，三人舍魯公復當誰從哉！或曰因人而傳，其傳不足貴。所論固然，然必以是繩趨事左右之人，則吾無取焉。

唐人書蘭亭詩

《蘭亭詩》斷非柳書，然自是唐人筆。若田潁、韓獻之等能事正如此，皆學明皇書而變爲俗滯者。比來論書者或遽詆爲濫惡不堪，則又太過。此書所病乏韻耳，實亦源出子敬，下筆自是堅實。觀香光所臨，尚未能盡得其痛快，知亦自有不凡者在。

博古堂集隸千文

越州集隸《千文》，宋本絶難得。屠維攝提格泰月貳日，購於廟市。汪孟慈舍人見之，詫爲奇絶。

張樗寮金剛經

弇州論書，最不喜樗寮，以爲盡偭規矩。然如此書，清遒蕭遠，全似張從申《吴季子廟碑》，在宋末自當推爲巨手，風力在白石、彝齋上。弇州第見其行草之尖薄偏峭者耳。

趙松雪法華經

右松雪書《蓮華經》殘本，先持至余處，議直不諧，乃爲某公得之。李春湖侍郎爲之上石，摹勒亦佳，然真跡墨光炯炯，如欲射人眸子，非雙鉤所能傳也。

二泉書院摹刻五賢遺像

李西涯篆額

西涯作篆，肥緩而少變化，然終勝趙寒山數籌。

温國文正公像

南薰殿所藏名臣像，温國廣顙鋭下，瘠而寡髭，與此刻異。

李西涯跋

茶陵書品正與其詩文等，固未超絶，要不失爲正宗，真書又當出行、草上。

林待用跋

貞肅書出自魯直，風骨矯勁，可想其正色立朝時。莆田故家閒有藏其書者，然亦火齋木難矣。

王虛舟跋

虛舟行書清氣嘘噏，天骨駿利，猶以太戍削爲憾耳。

韓錫胙跋

此書是簿書倥偬時，屬庸陋幕客爲之者，五賢後復有五賢，是何等語？書更無論。

戲鴻堂帖蘇米書

昔人論叔夜書，如獨鶴歸林，群鳥乍散。今其書不可見，即以題東坡書，似無不可。

東坡海外書，元氣渾淪，如勁柏長松，雪積霜侵，彌形蒼鬱。元常書，自季海後無津逮者。習書不經此境，終是味淺。東坡書厚而暢，亦是師法高耳。

上下三千年，能爲縱横勢者，子敬、清臣而下，自當歸之子瞻，景度尚遠在。東坡此帖，生平第一合作。黄文節評語雖似稍過，然實勝景度、得中，惟不及清臣耳。書當興到時，視平日他作自高一層。否則草草，者更有遇處。爲人捉著作字，則索然矣。

筆筆作騰擲之勢難，其渾成所以不及顏魯國者，顏書浩然獨往，如雲鶴在空，不知有人世埃壒；米則千金駿馬，固是萬里一息，恰未能行無地也。

董氏家藏帖

香光書，得力於天中，故摹米極合。

畫禪室隨筆甘草非上藥條

主持國是，而欲聽之五品散局，侵官固不必言，獨不慮其又成積重之勢乎？國

是之淆，由鈞軸與臺諫相水火，而人主漫無所可否也。不端主聽而慎擇宰相言官，徒欲調停之，能乎哉！

易戒童牛條

明季清議之淆，自神宗中葉始。香光目擊其事，故有慨乎？其言之所見，遠在申文定上。

獨立不懼條

嚮往玉局，蓋以自況。

前後赤壁詞

東坡集《歸去來辭》爲詞，香光輯兩《赤壁賦》爲詞，慧業文人，偶然游戲，都自韻絶。書亦超騰變化，有「挾飛仙以遨遊」之概。

河朔贈焦右伯詩

類君謨。

送宋獻如邯鄲夜宿二詩

二詩行筆，逼真子敬。

送葉少師歸閩詩

臺山不失爲賢者，去國心事亦甚可哀。詩似送功成身退者，定哀間之微詞耳。

送阮圓海南歸詩

以「調高和寡」稱閹兒，斯言玷矣。豈此時大鋮尚未壞露，而姑獎其風雅耶？

贈陳仲醇山居詩

香光好自書此詩，余所見已數本。蓋以險韻爲巧，如蘇、王之鬬尖叉耳。陳仲醇行誼近于充隱，著作入于稗乘。而當時極重之，石齋先生至登之薦牘，何也？

題畫詩

雲林集中題畫詩皆佳，香光亦然。深於畫而無他嗜好以擾之，筆端天趣，自然

盎溢。

末卷

香光先生書，自鑒定上石者五：曰書稱，皆平生所臨魏、晋、唐、宋人書；曰家藏，皆自書詩詞，香光於詩非專家，欲以書傳之，故摹刻特精審；曰寶鼎，曰汲古，皆平生合書，以付子孫者；曰研廬，則其門人吴泰所刻，亦經香光指授者。外此則陳氏《玉煙堂》亦佳，以增城與香光厚也。餘則真贋雜陳，不盡合作，亦不無仿書矣。

香光書須觀真蹟。蓋用墨輕若蟬翼，重若頹雲，非摹勒所能傳也。此帖所收，皆擇其不縛律、不離法者，蓋以此觀海昌陳氏所刻《米自書詩》與《蘭亭跋》，知香光得力處。

書種帖

唐人書《陰符經》皆勁實，此却飄飄有仙氣，合書也。然不如吕純陽寶誥安重虚渾，有貴真氣象耳。

王晋卿《煙江圖詩》，運筆皆在空際，靈秀異常，所謂「纖纖乎如初月之出天涯」

者，勒手不稱，可惜。

《北山移文》極意清暢，當是興到時書，恰不十分用意。

《煙江圖跋》百餘字，筆筆作提頓逆折之勢，最耐尋味。恨目力已遜，不能細臨一本耳。

董書用墨濃淡備有神化，最難雙鉤。彦京勒此帖時，香光親爲指授。然能事不過爾，況近人乎！

學香光書，不得其真蹟細觀之，專向墨刻求生活，非佻則滑。即天分十分高者，不過到明暢二字，與香光至竟無涉也。

書山谷跋語，渾重有韻。要之，此等書須得墨本觀之，方悟其墨暈輕重之妙。一經摹拓，髣髴耳。

《十九首》超騰變化，奄有泰和、海岳之長，具大神通，亦復得大自在。

褚書《哀册》傳本，取勢取態，大類天中書。香光此書會意，亦似蜀《千文》也。

臨徐會稽《不空和尚碑》，却以徐《道德經》運之，渴驥怒猊，變而爲松風水月矣。

顔魯國《中興頌》縮爲小字，維妙維肖，此實具大神通。《汲古帖》有顔《八關齋

功德記》，格力與此正相類。

墨池堂帖

僕得此帖，驚喜如得火齊木難，非知者不與觀也。近吴門謝希曾刻一本，有松泉相國書後者，風力似較勝此本。

成佛作祖，亦須具四威儀，不得概訶爲縛律也。

廣州葉雲谷農部所藏越州石氏本，曾見之，筆勢與此一同，乃歎此刻之精。頃得《廟堂碑》精本，手自潢池，諦觀之，知永興最深得於此帖也。

卞氏所刻《曹娥碑》，云自真蹟摹下，固亦清挺。然神采不遠，正如十月凍蠅，能及此之意象騫騰否？此固重摹本，祖刻又何如也。

頃見李公博宗丞所得越州石氏本，知《曹娥碑》最得鍾法，須以敦重求之也。

此刻已佳，以翁蘿軒本較之，便如虬髯客止好王扶餘也。

永興《破邪論》、愛州《西昇經》，當日倘得善本精摹之，今日晴窗展玩，豈不更快！所謂人心不足，得隴望蜀也。

蕭子雲《出師頌》及《瞻近》二帖，乾隆中皆刻於《三希堂》中，曾得敬觀。此本只十得五六耳。

《快雪堂》馮伯衡所摹，精妙無雙，然頗似過於圓美。此是自石本重摹者，不能不稍失真，而鉤勒精善，正爾別具虛渾之韻。

松雪此跋，馮伯衡刻之精絶。此則十得五六耳。以《閣帖》所刻互衡，非直神趣相懸，即點畫亦時有異同，侍書不應舛戾至此，以爲別據摹本入石者近之。

此帖較之《閣本》及唐摹《十七帖》，用筆時有異同，皆以此本爲勝。

摹右軍行草書，皆極精善。近曲阜孔氏勒《玉虹鑒真》，摹《尊體》《平安》二帖，亦出曹之格本。取以相較，殆若逕庭。蕭子雲《出師頌》、永公《誓墓集》書亦然，大致老重而少腴暢耳。頃得銀錠《閣帖》，以衡肅摹本，頗會此意，益信古人之不可及也。

曾見舊潘師旦帖，中間摹此一段，精善無比。此彷彿得其十之六耳，然已絶倫矣。

右二帖，《淳化》所摹似更豐妍，此固清暢而不能幽深，當爲中駟。

子敬此帖，《快雪堂》所摹清渾婉暢，與此抗衡。《玉虹》所刻，便苦鈍置。

余幼即好書。洎戊辰在都過夏，凡見佳帖則百計圖之。及通籍後，好益篤，所得益衆，雖日在窮乏中，香爐伏枕，猶手一册不釋。乙亥五月朔，病甚，忽有所會，遂取年來所積若干册，分致知好。獨留此帖及唐碑數事，亦結習未盡也。

覃溪先生言《化度寺》重摹本，以章仲玉所勒爲最。頃見范氏書樓原拓，頗疑章氏所摹安得如許字者，字又似□肥本也。章氏祖本，後歸蘇齋，並泐勢描去，一一皆合。

信本此書，須理會其腴處、澹處。

玄奘於貞觀十八年始譯經，廿二年始内出《心經》命譯。信本安得於九年、十年書此？大致是唐人書，託信本名以爲重耳。庚辰上巳記。

清簡有韻，勝《淳化》，似《大觀》。

飛白傳者只有《昇仙太子碑額》六字，騫翥可愛。此五字不知誰何書，恰無足取。

但以飛騰震盪論，實不及旭、素。

長公此記，自非平生得意書，趣韻稍減也，運筆亦似微滯，恨不得真蹟一證其離合耳。

宋人書皆不可重摹，坡、谷尤甚，其得意處本不在落紙也。試細觀真蹟，便有理會。

米行書小札，無不佳者。作碑碣，便不逮。

始疑子敬《新埭帖》爲襄陽臨本。摹之百餘過，乃知非米老所及。米能爲其超朗，不及其静穆也。今日摹此，益自信其所見之不謬。米老正苦太作態耳。此帖有顔魯國《乞鹿脯》書意，當以沈痛求之，不得但賞其流麗也。

忠惠此帖最爲名迹，摹手頗似失真，其圓潤仍非他刻所及。

吾里宋氏勒《古香齋蔡帖》，此數札皆收入，都無精神，只是比玉一手書耳。

道祖書，清渾處自出海岳上。此翰置之齊、梁間，殆欲與蕭景喬並駕争先。微似稍束於法耳。

承旨此書，真所謂「美女豐肌，低昂夫容」者，在趙書中亦絶無而僅有者也。

「海」字《樂毅論》，唯《墨池》本最佳。

明季類帖，自以此及《鬱岡》爲最。然尚不及馮伯衡《快雪堂》之精。《墨池堂帖》五卷，乙亥四月廿九日，以三十金購於都門。帖末尚有松雪行書《洛神賦》，裝池時失之，鄙人不恨也。維内史《黄庭經》、率更《化度寺碑》皆失大半，足爲深憾耳。然二帖殘本往往遇之，倘得補完，一段奇事也。

曩歲觀此帖，書稍有進。今日重展，如遇故人。然所見又似少别，不知爲進爲退。雲麓曷以教我？道光乙酉臘月朔日，又書。

又

歲丙子，余得《墨池堂帖》一部，晨夕展觀，盡以泥金書其餘紙，旁行斜上，滿而後止。還里時，鄭雲麓吏部留之未有得齋，余亦不復憶矣。乙酉冬，有以此求售者，購之。臨寫數日，覺所見又異，不知爲退爲進也。

晋法一經重摹，往往病於散緩，惟此刻豪釐不失。類帖内小楷之精，推石氏《博古堂》，次則此帖耳。

《黄庭》驂鸞駕鶴，有貴真氣象。

《秘閣》本「杖」字尚存其波，此訛爲小横。

右自《秘閣》重摹，豪髮畢肖，勝《停雲》遠甚。《停雲》祖本是《博古堂帖》，過於纖細，故覺〔三〕神薾。

黄魯直云：「《樂毅論》勝《遺教經》。」其語誠當。爾時右軍真刻傳世尚多，故可持此論。在今日則得此癡凍蠅，亦自不惡也。

曾見宋拓本，無末一行，知當時原不託名右軍也。不知何人增此十五字，而不考之甚。古人皆繫郡望，初無繫所居之地者。此「山陰」二字，謬也。「旦日」二字，唐以前人從未見有不署日而署旦者，可見後人涉筆便成蛇足。猶之《樂毅論》末登善排類銜名，作僞自首。

薄伽梵具大神通，未嘗不備四威儀，法亦何可廢也。

唐經生書，往往縛律。此其得無諍三昧，最爲第一者。

趙鷗波真書，全自此出。學趙者，當於此尋其源。結體之妙，不可思議。

顔清臣書此贊，前輩言是展逸少者，然何從繩其離合？《畫贊》既入王脩棺，何以世有傳本？晉人最重家諱，内史又何以書「曠」字？疑不能明也。其書則容夷蕭遠，靈氣往來，正孫虔禮所謂「意涉瓌奇」者。越州石氏本最爲殊觀，此刻亦尚有飄忽飛動之致。

古人書，下筆未有不凝厚，至明人始不知此。

高紳學士家本不可見，《秘閣》本則嘗於葉雲谷家見之，覃谿先生定爲越州石氏本，非也。曾借至盍孟晉室諦觀數日，淵静之氣，如對古尊彝，不知陶通明何以目爲粗健，或梁世别有傳本耶？以此本對觀，一一相合。越州本即《停雲》所自出，視此更爲戍削，雁行間耳。《墨池堂》五册，此其弁冕矣。

清穆渾雅，大類元常。

石氏刻固佳，然「在洽之陽」「在」字訛爲「社」〔四〕字，不可解也。

《曹娥碑》以博古堂所摹爲冠，次則此本。文摹太尖。近孔信夫摹《寶晉》本太枯，卞令之所刻云自墨蹟出者，圉圉寒儉，都無神明。

《傳習録》：劉觀問喜怒哀樂未發時氣象如何，先生曰：「啞子喫苦瓜，與爾説不

得。爾要知道時，還須你自喫。」

右軍内擫法，唐人惟伯施、季海守之，此其原也。

越州石氏瘦硬通神，此本却極渾重，格力亦相敵，不知何者爲真本，意皆唐人臨仿耳。趙吴興題定武肥本云：「《蘭亭》與《丙舍帖》絶相似。」瘦本却不類《蘭亭》。則鷗波所鑒，亦此肥本也。

《宣示表》腴勁絶倫，曾見《大觀》真本，亦復如是。近吴下謝氏所摹，即自《大觀》出者，猶可省覽。他本，皆孔北海冢中枯骨耳。

《十三行》以玉本爲正，《玄晏齋》本次之。此本與玉本同原，中間「擢」訛爲「權」，則《鼎帖》《甲秀》皆同。

此册所收最精，如懸圃積玉，無非夜光。

「晴」字「青」字第二筆不作帶勢，「陰」字波勢翻卷收縮，皆當以馮伯衡刻爲正。

趙跋馮伯衡刻，神觀照曜，遠在此上。

《淳化》《大觀》所收，皆不逮此。

虚渾靈異，草書第一義諦。此刻備得其轉折向背之勢。

《瞻近帖》與《十七帖》互校，互有得失，知皆唐摹本。以神采論，此固當勝。《十七帖》所收，大致是唐人摹本，故法勝於韻。此本當亦出自雙鉤，未必逸少手蹟也。

《快雪》《袁生》《瞻近》三帖真蹟，皆入大内。敬觀《三希堂帖》，乃知右軍自有真也。第人間不可多覯，覯此亦粗傳仿佛矣。

右三帖，思白皆摹入《戲鴻堂》，氣韻似較勝，而又似差瘦，不知是同一祖本否。書短意長，大類伯英。

數帖摹勒皆渾逸有神采，曾見静娱室所藏《淳化》初拓，其氣韻正如此。香光最喜子猷書，以爲勝子敬。雖未必然，然此帖結密之中，逸氣卷舒，不圖天壤王郎，有此能事。

右帖以《萬歲通天》爲正。

此等於初刻指何帖矣。

右二帖，以《淳化》爲正。

右二帖，以《萬歲通天》爲正，與子猷帖同。

涪翁言子敬《辭臺職狀》能不以法度病其精神，此刻筆意俱在。《送梨帖》真蹟亦藏大内三希堂，「送」字尚完。末香光行書「家雞野鶩同登俎」一詩。此下疑闕。

右真跡亦藏大内。米敷文定爲隋人書，不附會幼安、景喬也。

真本不可見，此書自佳。

清穆有之，神采未足。

《鵝群》爲僞帖，無可疑者。宋人謂其筆勢如從數丈外擲到紙上，近劉石菴相國謂其結體入俗，二説皆可理會。

右二帖，以《淳化》爲正。

細觀子敬《乞解臺職狀》，悟此帖勝處。

永興《廟堂碑》唐石拓本，數四諦觀，乃知世傳虞書皆非可摹習者，行書亦粗得形象耳。

永興二帖，皆極腴朗〔五〕。

神龍《蘭亭》，向謂此本佳矣。後見悟言室所藏宋拓本，轉摺豪芒備盡，始知中令不可及處。

誠懸此札習氣太重，非其至者。

此詩大似李西臺書。

似釋高閑。

此書好事者爲之，第以書論，自挺健有氣。《心經》，貞觀廿二年所譯也，信本何從於九年書之？「旦日」之謬，與《遺教》同。

嗣通此帖，《淳化》收之，筆意無復可尋。

馮伯衡所橅，視此爲勝。

賀八草書，當時絶有名。以理推之，當不止此。

飛白傳者惟《紀功頌》《昇仙太子碑》二額。《紀功頌》作水波形，《昇仙碑》作飛鳥形，皆無筆不折，無筆不提，烏有平直如以椶片刷漆者。飛白法久不傳，然余見唐人如彼，知茂漪之決不如此也。

會稽此書，微有俗氣，所謂勻圓如算子，便是吏楷者。山谷評得中書雖可愛，終可厭，終不可棄，此帖亦爾。

此卷所收最爲雜糅，衛鑠飛白、李藥師書、無名氏書，真不知何所取也。

《煙江疊嶂圖》由大内歸成邸，不知何緣復落人間。書估攜至余處，留之三日，以議直不諧持去。後間爲鄭邸所物色矣。東坡書全以墨勝，其凝欲隱起，其潤欲蒸濕，其光幽然，其氣盎然，紙墨相得，無復經營之迹。此非雙鉤所能傳也。

陶詩自板本重摹，更爲失真。

山谷書清峭矯厲，雖非當家，然如深山道士，與之晤對，自使意遠。

天中書以鋒距四出，見其迅厲；仲玉乃欲以圓暢矜雅劑之，蓋不相入也。所以米氣甚猛，而此隣于怯；米勢甚急，而此近于緩。其病在雙鉤不盡，由棗木疏理，不便出鋒也。

觀米書，須以大令、魯國繩其離合。知襄陽守法最嚴，如駿馬鳴和鑾舞交衢，而沛艾權奇之姿終不可掩。

君謨三札，皆平生合書。

君謨書，自有魏晉遺則，於行書見之。小楷傳者惟《茶録》，意境類《畫像贊》《破邪論》。大字全法顔平原。較之雙井、天中爲少變化，然鸞飛鳳翥，氣格自貴。

翠微居士此札絶類晋人。

以天分論，薛不若米甚遠。然生平專師魏晋，不涉唐人風氣，正猶東周禮樂，變可至道。米則秦楚大國，强遂稱王。

茅紹之所刻極秀穎，此刻殆可方駕。又有一本僞款爲右軍者，則神癡矣。

鷗波固圓暢，要須以凝〔六〕厚求之，其勝鮮、鄧、康里處在此。

右章氏原石最初拓本，尚未刻《洛神賦》及《蕪湖學記跋》，其明據也。第二卷少定武《蘭亭》，第三卷少《邕師碑》，第五卷少松雪《小蘭亭》。

章藻仲玉摹《墨池堂》，其勝《停雲》《戲鴻》諸帖，自以第一卷内史小楷爲極意經營之作。曾取《秘閣》《寳晋》《博古》宋拓殘帖對勘，殆無遺憾。次則松雪《道經德》，亦可追蹤茅馴。餘則尚有出入，衛鑠飛白、蘇陶詩、米《蕪湖學記》尤爲失真。《停雲館》第一卷晋唐小楷，重摹越州石氏本也。亦章簡甫父子所勒，然視《墨池堂帖》相去不可以里數計。劉雨若爲馮伯衡摹《快雪帖》甚精，而自摹《翰香館帖》，纖弱無精神。是皆不可解也。

顯曾案，此本今藏余家。

玉煙堂帖

米顛每詈人草書，爲君謨手脚。平心論之，草自不及行，然在山谷上；行書則葛覃后妃，德容兼茂，自非過譽。

襄陽此記與《蕪湖學記》意象正同，縱横跳盪，雅近北海。而他日論書，又詆北海爲暴富貧兒，禮數生疎，何也？

米老書之有韻者，以此爲冠。《戲鴻堂》刻太粗，近傅忠勇刻又太嫵媚，惟海昌刻存真面目。

襄陽刷筆，虎兒幾於拖至帚矣。

唐人書《内景經》，元時在松雪家，即《宣和書譜》所收者，有詩存集中。此蓋臨自真蹟者，蕭遠有出塵之韻。

松雪臨王不甚似者，渾穆之氣少耳，非謹之過也。香光拈「不説定法」四字，專爲過謹者除障礙。

松雪臨逸少書，其圓暢處備得之，而出筆稍怯，遂覺姿顔多而骨力少，固須遜米

老一籌。

鬱岡齋帖

《季直表》果鍾書否不可知，然方之《戎路》，爲差可信。元常二帖，刻摹皆精。近得來禽《十七帖》，過吳、王二刻遠甚，惜傳世少耳。以來禽所刻校之，此帖摹手尚似微嫩，無蒼勁之趣。

虚舟絶賞唐摹《樂毅論》，未可爲外人道也。摹《内景經》精絶，《鴻堂》不足言，近孔氏、畢氏、亦莫能逮。柔閑蕭散，得意處乃不在字裏行間。

香光得法於《玉潤帖》，此秘可參。

此書謂爲李懷琳書，覈已。顧何以有天監三年進入款也？

此卷真蹟歸於成邸，齋名詒晋，以此。

此書果出中令否不可知，書自佳耳。

《清娱墓志》可與神龍《蘭亭》參觀。

顔魯國《論坐》《祭姪》二稿，皆曾見宋拓，惟《祭伯》未見善本，此粗存髣髴耳。以《論坐》《季明》二草衡之，似失真，要自清迴。此書佳甚，然何必託之内史，作唐賢帖觀可也。唐賢書氣味自殊，以去山陰近也。

唐賢書《月儀帖》，清暢獨絶。《月儀帖》即不出索征西，然亦唐人能事，徐鼎臣所不能到。

《玉煙堂》《勃海藏真》皆勒司議此帖，眂此遠遜。

《萬歲通天帖》惟宇泰所刻獨精，勝文氏刻。

王宇泰鑒賞自不及香光之審，然摹勒皆用國工，却不至如《鴻堂》之草草。王季野精於別書，以《絶交書》《萬歲通天帖》觀之，出文、董上。

快雪堂帖

石菴相國以此爲思陵摹本。

右帖出自《萬歲通天》，最真。

敬和二帖圓暢蕭遠，右軍云「弟書遂不減吾」，蓋非虚語。

世將二表，元常正傳。

千載下可想元常仿佛者，獨此數行。《戎路》《季直》恐不可信。

此數行當熟觀，求魏晋轉關處。

右軍行草數經傳摹，已無從追其落筆意象。然頻伽之音，滿十方界，畢竟有佛語在。

此書境界太近，不惟非右軍、非中令，並非唐人。不但貞觀六年中書令是何官職，失之不考也。

石菴相國定此爲柳臨，然實爲古今小楷第一。

此十三行欲取清虚，轉成纖靡，當是買了顔子，董跋亦僞。

葵邱鼎也，標題却真。

率更書須觀其矜腴處。

二《告》余皆臨寫百過，妄有臺言，恐皆宋思陵臨本也。

朱巨川二《告》皆唐人佳書，然不必顔魯國、徐季海也。

顔行書高處，在天真爛漫，不受逸、敬束縛，而自能闇合。孫吴學顔書者，亦須於象外領取。

此帖恐未是素師書，以其色相未忘。

高閑書，行住坐卧，不失戒律，只是參父母未生前句不了。

西臺書尚是唐人繩則，以四家衡之，太縛律耳。

光堯皇帝書，柔閑蕭散，在書家爲正法眼藏。

東坡數帖皆佳，摹勒精審，下真一等。

魯直二帖尚非其極意合作。

觀君謨二帖，乃知宋氏《古香齋帖》都無影響。

雅不喜樗寮書，爲波旬神通也。惟焦山《金剛經》佳，此數行亦有清味。

翠微居士書韻格殆過天中，然米老隨手萬變，道祖不逮也。米如秦楚，薛如衰周。

吴居父學元章，可謂豪釐不失，然以是不能立家。蓋作書始貴能合，終貴能離，離形得似，乃可各各單行。

米老似羊中散，尚誚重臺，又何以處雲壑乎？

《快雪堂》收天中書最富，亦最審，唯《丹青引》非耳。此書有魏晋意，却不類元章，正似李龍眠書。檢法書爲畫掩耳，其小楷實不在天中下也。

縮陶通明、顔魯公擘窠爲細書，是何神力！層臺緩步，高謝風塵。緱山夜静，聞吹玉笛。吴興小字，此爲超絶，在《過秦論》上。

承旨天分不高，故少象外遠致。以人功論，却也到十二分。

道光壬午，承竹泉觀察招來鷺門講學，笈中都未攜得金石文字，乃從雲麓司勳借《快云堂帖》以遣長夏。世重此帖，争賞其《樂毅論》，所謂「看牛皮也須穿」也。此帖精華，曰《快雪》《力命》《丙舍》《玉潤》《世將》二表、《敬和》二帖、大令《昨遂》《不奉》《柳跋十三行》，顔魯國《蔡明遠》《過埭》《寒食》三帖而已。此以古今書旨言之，非爲習干禄字者言之也。雲麓解人，定契斯語。

李書樓帖

陳思書，隋煬跋，咄咄怪事。

右軍六帖，神采奕奕。

《曹娥碑》穎秀可喜。

淺露無韻，乃敢託之魯國耶？

此吴用卿本，非真蹟。

君謨此帖，渾暢遒穩。

東坡書，須見真蹟，方知其運筆凝墨法，如雲氣蒸濕，初無滯相。松雪自以圓暢者爲當家，此傳意主嚴整，是其變體，摹手稍滯，不能得其流逸之韻。

停雲小楷，自擅勝場，此跋尤佳。

松雪之學北海，能於子敬探其源，所以氣韻生動，神采照曜。習趙書者，須以遒朗求之，若煙視媚行，便無入處。

鮮于困學此帖，視松雪書《太湖石贊》，雄麗殆欲過之，當爲生平第一書。

漁陽大書精勁，實勝松雪；小行圓暢有之，所乏靈秀之韻，當讓吴興一籌。康里子山書，每病滑。三君子詩，行筆有信本《史事帖》意，合作也。雙江人品本高，書亦清婉有度。

宋景濂小楷最精，行書亦清逸。

枝山天分超邁，故能自出新意。

秋碧堂帖

學顔書，須先細觀月餘，偶有所會，縱筆追之，方能離形得似。若筆筆安頓如宋伯姬之待姆，便無理會處。

顔書意在一洗從前輕媚之習，故用力太過處，頗少自然。李後主叉手並脚田舍漢之喻固非定評，然亦不可謂無見也。米老言顔真書有俗氣，只是以晋人蕭散論之耳。總之，學書不過魯國一關，終身門外漢。

過魯國一關，却大不易，非專意勁厚便可爲魯國法嗣也。

顔平原書，如《家廟》《元次山》《李含光》諸碑，實爲誠懸導之先路，法有餘而韻

不足也。《竹山詩》亦然。《自書告》則儼雅遒密，唐人皆出其下。以逸少書求清臣，方知其虚和處，乃得右軍之靈異者。

又

此書自有貴真氣象，與山澤癯不同。

此本亦褚摹之變體，沉著而生動。攬其秀色，令人意遠。沉雄之至，亦復虚和。張丑譏其風神不足，謬論也。書各有真性情，豈必搔頭弄姿，出於一轍乎？以余觀顔公書，轉覺魏鄭公之嫵媚耳。

顔魯國書，以爲叉手並脚田舍漢者，固非；即以爲金剛瞋目，力士揮拳，亦皮相也。請爲之目，曰深山大澤，龍虎變化。

唐詩人能書者，當以杜紫薇爲冠，運腕靈逸，結體蕭閑，其品格與吾鄉林緯乾相伯仲也。李義山書非不峭快，然長而逾制，正文皇所訶爲餓隸者。温飛卿妍媚有餘，風力不逮。皆不足與牧之抗衡。白傅亦未成就，難言肩隨也。

君謨此書無意於工，而天機動盪，筆墨外别有真趣，所謂瓦注賢於金注者耶？

米老好爲大言，動曰爲蔡君謨手脚。不道子敬之《授衣》、伯施之《積時》，與忠惠正是一家眷屬也。

子瞻書自有六朝風，不僅似王簡穆也。二賦尤其得意之作，想其墨色湛湛，如小兒眼。

東坡最喜靖節此作，集爲詞爲詩，屢書不一書。此本尤爲流麗，興會所到，動乎天也。

文節書出自通明，見其書，如高山深谷中，忽遇異人，令人耳目改觀。此陰長生詩，尤其用意書，勝七佛偈遠甚。

漫士大字，不患不縱横馳驟，所患氣少韻少耳。此書其最專謹者，當是中年未放筆時書，神觀差遜。

揚州汪氏舊藏趙松雪書《急就章》，純用六朝法，清穆絶倫，當是中年極意經營之作。晚歲自立家數，却稍有習氣，未免説定法矣。趙仲穆、郭右之，非不專勤，所惜寄此籬下。

松雪此賦，平生凡三見真蹟，皆佳。然皆不及此本，其清穆渾雅，已入右軍之

室矣。

意境曠邈，有驂鸞駕鶴之概。

松雪臨唐人《黄庭經》精絶，余曾見揚州汪氏所藏趙書《急就章》真蹟，意象逼真六朝人。松雪於書無所不臨，臨無不肖如此。今臨松雪書者，專以秀媚求之，不能深探其本，安在其能爲趙書也？

梁玉立摹《秋碧堂帖》，鑒别之精，尚當在馮伯衡上。蓋馮集《快雪帖》中，猶有僞書雜之，不若此之粹然精善也。

又

筆千管，墨萬定，此境未許造也。思白頗輕松雪書，固非定論。

松雪行書，推此最勝，藐姑射仙人，肌膚若冰雪，那有人間煙火氣也？他書如《梅花詩》《桃花行》，妍冶有餘，恬雅不足，與此隔一小劫矣。

松雪《道經》澹雅得韻，尖薄少可恨，然足爲枯柴蒸餅之藥也。

詒晉齋帖

《平復》《苦筍》二札，固是奇蹟。

《黄庭經》云是信本書，細閲之，乃似錢唐，恐是只唐人蹟耳。

《蘭亭》二，大致皆陳緝熙、吴用卿輩雙鉤本。

黄之雄特，米之横厲，皆其得意蹟。文衡山跋，亦清暢可觀。

秦塤上印，是「伯和」二字。

朱子他書，平生所見，皆以古横勝。此「蘭亭脩禊」四字，獨秀偉。

文信國書，曾見《正氣歌卷》，瘦俊似李泰和，與此微異。黄石齋先生行筆幽異，此劄子若合符然，意忠臣義士書類如是。

趙子固善畫水仙，此卷有其風致。

筠溪引首一印，曾於益摹《蘭亭》額上見之。

滋蕙堂帖

吾鄉曾省軒勒《滋蕙堂帖》，頗極用意。省軒固善書，而石工不稱，又多自類帖

雙鉤，下者往往失真。余獨愛其《送劉太沖敘》，用意清潤，勝思白所摹遠甚。因獨存此册，以備臨寫。

又

此宋人書《廣惠藏經》殘頁。其時四家未出，故行筆猶有唐人遺意。余所見者，如《三彌底部論》，如《鬱單越經》，皆是。或妄題爲鍾越公，正緣未考耳。

校勘記

〔一〕「然中令」原脱，據《吉雨山房全集》本補。

〔二〕「意」原作「如」，據《吉雨山房全集》本改。

〔三〕「覺」，吉雨山房全集》本作「爾」。

〔四〕「社」，《吉雨山房全集》本作「杜」。

〔五〕「朗」，《吉雨山房全集》本作「潤」。

〔五〕「凝」，《吉雨山房全集》本作「敦」。

芳堅館題跋卷四

程明道墨蹟

咸陽令段君嘉謨，好古君子也。示余明道先生真蹟，以余觀之非也。二程夫子，名從「頁」旁，今書名作「灝」，則從水旁矣。自元以前，書文章皆成篇，無僅録數語者。若隨手作書，則又不必著年月以明鄭重也。宋自真宗命諱「元」「朗」二字以後，「殷」「敬」二字祧則不諱，而「元」「朗」二字則終宋之世諱之。今書「元」字不缺末筆，何也？因其書尚佳，爲之跋。

宋諸大儒書，紫陽傳世最多，司馬文正公、張宣公、楊龜山、真西山書，亦往往遇之。二程先生，則傳者甚少。觀伊川言平生作字甚敬，意其書必精嚴。此卷明道先生書，兼有歐、顔之勝，誠哉其敬也。柳誠懸心正筆正之説，非徒諷諫，理固如是。王介甫書如飄風急雨，其爲人可知。然世又有一生不作草書而終爲壬人者，又何説

也？襄亭先生言，曩宰武功時，獲李泰和所書《任令則碑》，其陰勒大觀御製文甚精，惜其爲蔡京書，世莫之顧。夫京書雖精妙而不貴，則襄亭之寶此卷，固不第以其書之精妙論，而況其精妙如是，又可以見游藝亦大儒所不廢也。

邵文莊詩翰真蹟

二泉先生所學，得於茶陵，書亦似之。當其以侍郎致仕，茶陵力疾作信難贈之，遂爲絶筆。其詞以廬陵知眉山，眉山服廬陵爲比，世不以爲過。是時李、何之燄張甚，先生獨守師説，不爲所慴。鍾伯敬曰：「獻吉出，天下無真詩，惟二泉爲真詩。」信矣。先生出處之際，蓋有賢于茶陵者。余尤愛其言曰：「願爲真士大夫，不願爲假道學。」爲吴康齋、王陽明言之也。嗚呼，使高、顧諸先生知此，又何至聚徒講學於國事孔棘之秋，授宵人以口實，而爲後世所惜哉？道光乙酉春分日，書於盉孟晋室。

楊忠愍詩翰

楊子芳先生書，傳者焦山寺所庋手札，似清臣；臨《雲麾將軍碑》，直逼泰和；《十八侯贊》，似龍眠；小楷李太白《遠別離》，似李瓌琳。此詩翰有《十七帖》意，師

法既古且博，涉筆輒各成體。有好事者，能聚諸帖礱石刻松筠菴，如忠義堂顔書故事，亦勝舉也。楊介坪師所爲咨嗟而想慕之者，豈固以其書乎哉。

文衡山小楷列仙傳

衡山先生此卷，蠅頭細書，而取勢在尋丈之外。其章法似《十三行》，似《破邪論》，靈秀獨絶，如王子晋騎鶴吹笙，邈然在雲煙之表，不知下士方攀蘿而附葛也。是爲化境，是爲仙境。平生見衡山書多矣，此其甲觀。

文衡山行書九歌長卷

衡山翁書，奄有魏晋，而以清健出之，實出希哲之右。此卷數千字，無一滯筆，闔闢變化，頃刻萬狀，當是生平得意筆，視他書之穎秀者，倜乎遠矣。周公瑕引首五字亦佳。壬申除夕前二日，呵凍記。

王雅宜楷書沖虚經

王履吉書意澹筆遠，唯過穎而近薄耳。此其晚年合作，骨法清虚，風神散朗，諦觀之，令人邈然有天際真人想，雖衡山未必能遠過也。道光壬午四月十一日，觀於

鷺門寓廬。

左忠毅詩翰

永福鄭氏藏滄嶼先生自書詩長幅，草書奇偉，少時見之，今不復能舉其詞矣。此詩固不經意書，而天趣爛然，人品高故耳。以不經意之詩而能使二百年後觀者肅然動容，此蓋不在區區工拙間也。

董書飛白法二館辨

右香光先生六十歲時書，意澹韻遠，但見靈氣往來，書至此可謂造化在手矣。卷中「館」字、「恭」字皆有刮痕，蓋爲童蒙臨寫，故致慎於偏旁耳。

墨磨濃後俟冷，以羊毫蘸之，紙又滑膩受墨，書成當邈然有天際真人想。此興到時偶有此數行，非能有意爲之也。

董香光臨顔自書告身

香光書，以顔魯國收因結果。此册臨顔，妙有生拙之致，蓋以拙得厚耳。

傅青主行書

公之他先生學問志節，爲國初第一流人物。世爭重其分隸，然行草生氣鬱勃，更爲殊觀也。嘗見其論書一帖，云「老董只是一箇秀字」，知先生於書未嘗不自負，特不欲以自名耳。

王覺斯自書詩長卷

京居數載，頻見孟津相國書。此卷最爲合作，蒼鬱雄暢，兼有雙井、天中之勝，亦所遇之，時有以發之。晚歲組佩雍容，轉作纏繞掩抑之狀，無此風力矣。己卯燕九日。

再四觀之，其抑塞磊落之狀，實出顔清臣，不能爲清臣之渾古耳。其得力之深，則非之室友石所能逮也。

觀《擬山園帖》，乃知孟津相國於古法躭玩之功，亦自不少。其詣力與祝希哲正同，如天神波旬，固非正等覺，然不可不謂之具大神通也。

張二水書，恣睢取勢，在書中爲下劣阿脩羅，余雅不喜之，非第薄其人也。徐會

稽、鍾越國書，自可重，不以人掩。若蔡元長者，人品豈第下中而已，倘遇其書，又何嘗拉雜摧燒之乎？ 庚辰花生日，又書。

書貴沉著，專意求沉著，便無餘味。書貴變化，專意求變化，便無真趣。此顔魯國行草書，所以爲正法眼藏，米老之所以僅爲辟支果也。張温夫纔入流，時有魔氣，古怪槎枒，如上帝陰兵，舉世不識者，則墮五百生野狐身矣。因觀覺斯相國書，附識於此。

何屺瞻楷書千文

屺瞻先生書，出自湜盦，得意處遂青於藍。此臨登善《千文》，下筆生鞭，純用《伊闕佛龕》法，當是得意之作。汝文三兄以球璧視之，可云精鑒。

潘劍門畫册

潤堂二兄未始學畫，涉筆轉有雲林、雲西意。屬將開閫豫章，輒檢舊藏白雲外史立軸，沈凡民、潘劍門二册奉贈。清暇時一展覽，當憶及都門商榷筆墨之樂耳。道光四年閏月二十日識。

顯曾案，此本今藏余家。

顧吴羹書大學孝經第七十六本魏笛生藏

吴羹前輩學信本書最深，此帖運筆用意，絶似《舍利塔銘》。而所書乃聖經賢傳，其勝唐人以翰墨爲彼法用者，何可數計。笛生同年寶此，爲無量壽品可也。笛生五十初度，南雅書此册爲壽，故有末句。

顧吴羹書孝經

在都十載，與吴羹學士氣誼最契。丙子典滇試，吴羹適視滇學，榜出，所得士皆顧所獎許，顧所未識僅七人，而明經居其三。次日見過，拊掌大笑，酸鹹同嗜，竟至此耶。庚辰三月，余奉諱歸里，顧爲惘惘。門人羅香巖來閩，出一緘，云吴羹書也。展誦無一字，惟《孝經》一帙。嗚呼，良友期許之意如是，思之能無心動哉！道光元年三月四日，識於守元有居。

李忠毅自書詩册

今海内無不知忠毅公大節炳天壤者，然當其時轉戰大海之内，而么麿小醜東掩

西竄，謗書時聞，賴聖主鑒其藎誠，始終倚任，功垂成而身隕，則命也。觀卷中風阻、雨阻諸詩，想見嗔目叱吒而困於無可如何。觀《有感偶成》詩題下注，又知偏校有不能如公意者。嗚呼，使偏校人人致死如公，又少風雨之阻，當事又能與公一心，賊必禽矣，豈至倉皇蹈義哉？公之以節見，公固自知之矣。讀竟此卷時，寒風颯然撼窗外樹，作波濤汩没聲，意公神在天壤間，如水在地中，其領鄙言乎？癸未十二月十二日，附識。

徐淞橋臨塼塔銘

淞橋深於中令書，其靈俊處實出天賦。余曾捉筆效之，乃爲東施之顰，不須對鏡始悟己醜也。顔黄門云「書不能工，良由無分」覽此三歎。癸未正月二十八日，過笛生齋頭，秉燭書。

龔晴皋書畫

龔晴皋大令人品高雅，引年後足跡不至城市，極自重其書畫，作大字縱横有奇氣。當其合作，往往似通明鶴銘，不甚易遇耳。作畫尤横厲，頗得天池生、苦瓜和

尚、八大山人之趣，隨筆爲之，無復定法。辛卯四月，余科考重慶，君已没，遺言以一册、一箑、一榏帖見贈，且曰：「作書畫四十年，無能識者，蘭翁當識之。」余烏能知君書畫，顧感君意，附記於此。辛卯六月朔書。

吴香國禮部書屏贈翁竹坡孝廉

吴香國禮部始學率更書，後喜余書，余學登善，香國亦學焉，余萬不能逮也。此四幀其最得意筆，珍重贈余。竹坡大兄好之，因以奉贈，欲與結翰墨緣也。

郎蘇門給諫畫贈竹坡孝廉

蘇門給諫爲余繪此幀，最爲用意合作。竹坡世大兄深愛賞之，輒以奉贈。竊用「玉堂」二字，申期望之私也。丙戌四月。

自書國書孟子

少學國書時，於《孟子》誦之畧皆上口。十餘年來，雖直繙書房，然用心不專，半皆忘却，並描寫數字，亦不能清整，可勝浩歎！

自書題李潤堂秋柯草堂畫册詩

獲交潤堂二兄十餘年，知其工墨蘭耳，不知其山水得知師智也。不能詩，遂以詩爲戒。今爲佳畫破戒，且附諸顔仲與處之贈云。甲申閏月，題於都門之盍孟晋室，時庭樹已有秋意。

方燕石摹五賢遺像横看

明邵文莊公取方正學所敘五賢繪爲圖，李文正取張宣公《武侯祠堂記》、蘇文忠公《進陸宣公奏議劄子》、《温公神道碑銘》、司馬文正公撰《韓魏公祠記》、韓忠獻公撰《范文正奏議敘》，各摭要語，書于左方，刻之無錫二泉書院。先司馬令無錫時得拓本，先太史日置案頭，無日不流覽想像也。畫爲杜謹言符作，暇日屬燕石方生橅之，即以茶陵所摘語繫于左方，懸之座右，竊比趙邠卿晤對古賢之意，又以安自偲耳。

自臨張長史郎官記

此王弇州兄弟所藏，今歸葉雲谷農部，世無二本。庚辰借來盍孟晋室，臨此奉竹

坡老弟。此帖如曇花過眼，不能再見，姑留此影子觀之，於書道不爲無助也。

自書米襄陽書評

襄陽此評，蓋一時佇興語，不盡精當。然别有會心，須細思之。蓋以羲、獻爲圭臬，則歐、顏諸家自不能免春秋，責賢者備也。壬午正月九日。

自書贈吴苕溪

苕溪年兄從余鷺門讀書，慧而篤學，適有惠佳紙者，書以貽之。中有登善書旨在，莫等閒觀。壬午四月九日。

自書説文異字

讀《説文》，苦其難記也，輒疏其異字及有關於經義者，以備遺忘。余曩者嘗日識且數百字，皆古文；今乃筆之於簡，有來質之，則已忘之矣，如是其不可恃也。後生有志於古者，以余爲鑒可也。

自書題姚根山暢山夜課圖詩後

余未識根山姚君，然聞其畫精甚。今歲十月，令弟出《暢山夜課圖》索題，覽畫

增歎，恨余將成行，匆遽中不獲作長歌紀之耳。

自畫蘭寄許萊山光禄

一莖數花及一花者，皆蘭也。自山谷道人有一花有餘、數花不足之説，於是人遂以數花者爲蕙。按《楚詞》注：「蕙，今之零陵香。」不言其似蘭數花。丙子歲，余奉使滇中，過沅州，見道旁香草芬郁可愛，葉頗似蓼而小，絶不似蘭，其香以葉不以花。問之輿夫，曰是爲零陵香。問是蕙否，即又不知，第曰亦謂之七里香耳。則信乎其爲蕙矣。乃知士大夫之考訂，有不如世俗〔一〕之審者。詁草木者，類若是矣。至今閩人猶稱數花者爲蘭，一花者爲山蘭，蓋不誤云。未審萊山使楚，見真蕙否也。

自畫蘭贈劉實齋

實齋曾索余作蘭，酒後大詈。今又索余蘭至再，知明日三杯後又有一番笑柄矣。僕姑適意耳，詈聽之。

以劉雲衢書箋贈黃維添内兄并爲畫蘭

劉雲衢比部工漢隸，贈余此箋。輒仿鷗波畫蘭，奉維添内兄。畫不足觀，仍當寶

左方分書耳。

自畫蘭與三弟蘭懷

筆勢輕爽，却非微弱以求媚者。凡爲文用筆，亦須如此。此老夫有理會處，願以告蘭懷。

又

英德舟次大熱，寫此遣悶。吴瀹齋殿撰見之，以爲佳。余戲言：「汝爲我小楷千字，此箑便奉贈。」

又

顧吴羹前輩語余：「寫蘭與梅，正是我輩事。外閒畫史沾沾形似，那有是處！」余謂此語，正玉局論吴、王畫旨也。

又

坤一先生法，臨寫將百過，去之尚遠。

又

鷗波筆意娟潔，少喜仿之，終不能似也。

又

病裏作蘭，猶有生氣，小奇當未足爲患也。

又

或問道人：「古人畫蘭，有以花勝者，以葉勝者，子以何勝？」道人對言以根勝，其人大笑，如陸士龍落水時。嗟乎，蘭槐之根，是爲芷，其漸之滫，君子弗御，卜人弗服，蘭根顧不重哉！不知蘭之根重，烏足與知蘭，又烏足與知道人畫乎！

又

庚寅五月廿一日，試邛州。適友人爲致鮮荔，棖觸鄉思，寫此遺意。

又

陸叔平寫蘭風神怡懌，不作風露掩抑之態，望之有清氣静氣。以韻論，似尚有子

畏所不逮者。

又

在蜀時蓄蘭十數盆，臨行以贈李馥堂觀察，不知今歲花盛否，竟日相〔三〕思也。

又

此石或可轉，此根終不移。

又

蘇子瞻小幅作於紹聖二年正月者，花影伶俜，墨痕黯淡，蓋寫身世之感，觀者於畫外取之。

又

壬辰夏至前二日，晨詣太歲壇祈雨，歸閱陳白陽畫卷，擬之。

自畫蘭寄李潤堂都督

潤堂二兄大人，詩、書、畫皆入能品，畫蘭尤生動有態。乃於五千里外，馳書索拙

畫。余畫何足觀，況敢爲潤堂畫乎？然慮潤堂不諒余之愧，而謂余之恡也，輒以小幀求正，作《春草帖》《韭花帖》觀何如。

又

不圖天地間有此頑石，蘭生其旁，轉見鬱茂。或移之石欄干中，伴以英德仇池巧峰，而花葉反不能如是之舒暢。思其故不可得，願質之潤堂二兄，當有以進我。

自畫瓜茄蘿蔔

士大夫何可不知此味。

自畫山水

「四更山吐月，殘夜水明樓。」昔年在臨淮邸舍，曉行時悟此語之妙，至今猶勞夢想也。

自畫菊花也

使滇時，篋中攜有王司農麓臺畫册一，逐日依樣畫之，爲僮僕匿笑，遂不復爲。

今日適有籐黄青靛，漫畫一箑，見者或曰頗似菊花也。

自書庚辰平糶記石刻拓本

唐人刻石，如萬文韶，如諸葛神力，如邵建初，妙入豪髮。貞觀、顯慶他碑，或不傳刻人名，要其勝處皆非開、天後人所逮也。北海書必自刻，黄鶴仙、伏靈芝皆託名耳。顔書波拂多爲人脩改，所以失真。茅紹之之於趙，可謂工矣，微病太滑。明章簡甫、劉光暘絶有名，然皆患稚甚矣。此事之難也。余固不善書，在都時崎嶇碑碣間，刻者每爲分過，求如月卿之心手相應者，蓋萬不得一焉。月卿勉哉，古人之傳又不第以藝也。

舊歲書此時，意頗不愜。得徐君月卿刻之，豪釐備盡，神明頓爾焕發，乃知模刻之有益于書如此。漢石存者，皆渾然不可尋刻削之迹。唐初刻者，如萬文韶、諸葛神力，皆極精審。北海諸碑若黄鶴仙、伏靈芝，則泰和所託名也。中葉以後，惟邵建初兄弟最精。若王希貞之刻蘇靈芝，則庸矣。不知蘇書自庸耶，抑刻使然也？近世如茅紹之之刻趙、章簡甫之刻文、劉光暘之刻董，皆一時能事。徐君之能不下古人，

恨僕非趙、董耳。壬午花朝。

自書硯銘拓本

黄魯直至黔中，始自悟書體輕弱。僕年來亦甚自憎其書，每於顔魯國《論坐位》求進一解。如鑽窗紙蠅，更不出頭，行將椎碎此硯矣。可惜此銘，勞月卿數日作黄鶴仙也。一笑。

校勘記

〔一〕「世」，《吉雨山房全集》本作「里」。

〔二〕「相」，《吉雨山房全集》本作「想」。

附録

吉雨山房全書本跋

余爲諸生居鄉時，有自京師來者，攜蘭石前輩楷法以爲寶，余見而愛之慕之。曾得截裁數行，什襲而藏，每恨不獲親受教焉。咸豐癸丑，余倖成進士，入詞垣，而我蘭石前輩已兜率飛昇廿餘年矣。親炙之願竟虛，私淑之心愈切。不過於厰肆中購得搨本一二焉耳。迨余出守閩疆，由福寧調興化，竊喜此邦爲前輩桑梓之地，或可稍得其真蹟。抵任後，子壽司馬持楹聯條箋以贈，退食餘閒，領會筆妙，知其學之有本而無從窺其涯涘也。兹讀《芳堅館題跋》上下卷，觀其品騭古今以及自書自畫各帙，乃恍然於書畫之至於斯者，如木之有根柢，水之有淵源也。存此可垂後昆於無窮也夫，即可惠後學於無窮也夫！　東萊林慶昭敬跋。

藝文叢刊

第四輯

061	寶章待訪録(外五種)	〔宋〕米　芾
062	昆蟲草木略	〔宋〕鄭　樵
063	味水軒日記（上）	〔明〕李日華
064	味水軒日記（中）	〔明〕李日華
065	味水軒日記（下）	〔明〕李日華
066	寒山帚談	〔明〕趙宧光
067	讀畫録	〔清〕周亮工
068	誠一堂琴談	〔清〕程允基
069	文房肆考圖説	〔清〕唐秉鈞
070	**芳堅館題跋**	**〔清〕郭尚先**
071	花木小志（外二種）	〔清〕謝　堃 〔清〕高士奇 〔清〕翁長祚
072	隨息居飲食譜	〔清〕王士雄
073	嵩洛訪碑日記(外五種)	〔清〕黄　易
074	廣藝舟雙楫	康有爲
075	刻竹瑣言（外四種）	黄高年 周无方 金開藩 張志魚
076	章草考	卓定謀